D1844055

Tim Cole

Cocktails & Snacks

Fotos: Riki Breu

Inhalt

In der Karibik versammelt man sich zum Tagesausklang auf der Veranda oder am Hafen, um der Sonne beim Untergehen zuzuschauen. Dazu knabbert man köstliche Snacks mit Früchten, Shrimps oder feurig gewürzten Dips und läßt es sich mit einem Daiquiri, Planter's Punch oder einer Piña Colada gutgehen.

In Spanien trifft man sich nach der Arbeit erst einmal am Tresen, unterhält sich, nascht von den vielen kleinen Spezialitäten, »Tapas« genannt, auf die der Wirt meist recht stolz ist. Dazu trinkt man kühle Sangria oder einen raffiniert gemixten Cocktail. Oft zieht sich diese Happy Hour bis lange nach Mitternacht.

Zur südlichen Lebensart gehört die kleine Eckkneipe, wo man sich nach Feierabend mit Freunden trifft, um den Tag noch einmal Revue passieren zu lassen und sich mit kleinen Snacks und einem eisgekühlten Pastis, Kir oder Bellini auf das Abendessen einzustimmen.

Die Sahibs und Memsahibs pflegten sich im Club zu verabreden, um sich mit Konversation und kühlen Getränken von der Hitze des Tages zu erholen. Da durfte natürlich der traditionelle Gin and Tonic nicht fehlen, die vielen Cobblers und Fizzes, zu denen man feine Sandwiches und exotische Vorspeisen servierte.

Wer schon mal ein richtig ausladendes skandinavisches Vorspeisen-Buffet erlebt hat, weiß, wie wichtig ein eiskalter Aquavit ist – nämlich um wieder Appetit fürs Abendessen zu bekommen. Denn die würzigen Leckerbissen mit Hering, Lachs, Shrimps und Hackfleisch sind einfach unwiderstehlich!

Die Amerikaner feiern das Grillen wie ein Fest. Es geht meist am Nachmittag schon los und zieht sich bis in den späten Abend. Man trifft sich im Garten, unterhält sich, trinkt Whiskey Sour oder Mint Julep, nascht ein paar Appetizers und wartet, bis der Duft der brennenden Holzkohle die laue Abendluft würzt.

Das Schönste am Skifahren ist die Stunde danach, wenn man sich, ein bißchen müde zwar, aber angeregt von frischer Luft und schneller Schußfahrt, mit einem heißen Glühwein oder Jagatee aufwärmt und zum Kräftesammeln ein paar Kalorien mehr zu sich nimmt, bevor es abends dann so richtig losgeht …

Für die meisten von uns ist sie die schönste von allen, die berühmte »blaue Stunde« zwischen Arbeit und Freizeit, zwischen Alltag und Entspannung, wenn der Tag langsam ausklingt und der Abend beginnt. Es ist die Zeit, in der man sich gerne mit Freunden trifft, den Tag noch mal vorüberziehen läßt, Pläne schmiedet und sich gemeinsam auf morgen freut. Beinahe jedes Volk hat sich seine eigene Art geschaffen, die kurze Zeit zwischen Tag und Traum so angenehm wie möglich zu gestalten. In den englischsprachigen Ländern hat sich dafür ein Ausdruck gebildet, der besonders schön beschreibt, worum es dabei geht: »Happy Hour«.

Auf den nächsten Seiten wollen wir Ihnen einige Vorschläge machen, wie Sie diese »glückliche Stunde« auf immer neue und angenehme Weise genießen können – zu Hause, in den eigenen vier Wänden, mit Freunden und lieben Gästen. Die raffiniert gemixten Drinks und Cocktails, die feinen Häppchen und köstlichen Snacks gelingen alle leicht und schmecken fantastisch. Viel Vergnügen!

Richtig gerüstet
Die Drinkrezepte auf den nachfolgenden Seiten sind bewußt so einfach wie möglich gehalten. Außerdem finden Sie in Ihrer Küche fast alles, was Sie an Werkzeug und Geräten brauchen. Dennoch gibt es ein paar Tricks, die jeder gute Barkeeper kennt und die Ihnen die Freude am Mixen für sich und Ihre Freunde vergrößern können.
Das fängt schon mal bei der Grundausstattung an. Nichts ist ärgerlicher, als bei der Zubereitung eines Negroni festzustellen, daß Ihnen ausgerechnet der rote Vermouth fehlt. Eine gewisse Auswahl der wichtigsten Spirituosen gehört also in jede Bar.

10 Flaschen, die in jede Bar gehören

1. Gin
2. Wodka
3. Rum (weiß oder braun)
4. Bourbon Whiskey
5. Scotch Whisky
6. Tequila
7. Dry Vermouth
8. Weinbrand
9. Portwein
10. ein Likör, den Ihre Freunde gerne trinken

Die Hausbar

Daneben gibt es aber auch eine Vielzahl von Spezialitäten, die Sie nur selten oder sogar nur für ein ganz bestimmtes Rezept benötigen, zum Beispiel Cherry Brandy für einen Singapore Sling oder Crème de Menthe für einen Stinger. Da der Platz in Ihrer Hausbar vermutlich auch kostbar ist, sollten Sie sich hier in vornehmer Zurückhaltung üben: Konzentrieren Sie sich auf ein paar persönliche Spezialitäten und versuchen Sie nicht, jeden Wunsch zu befriedigen. Wer ein dreistöckiges Pousecafé haben möchte (verschiedene Liköre mit unterschiedlichem spezifischem Gewicht, die in Streifen übereinander im Glas angeordnet werden), der soll sich das von einem Profi an der nächsten besseren Bar mixen lassen.

Gut gemixt

Zum Mixen gehören immer zwei – zwei oder mehrere Zutaten nämlich. Das ist zunächst einmal eine Spirituose wie Gin, Whiskey oder Weinbrand. Dazu kommt meistens ein nichtalkoholisches Getränk, der sogenannte »Mixer«. Der bekannteste ist natürlich Sodawasser, das nur zur Not durch gewöhnlichen Sprudel ersetzt werden sollte, denn Sodawasser ist absolut geschmacksneutral, während gerade die deutschen Mineralwässer aufgrund ihres hohen Mineraliengehaltes immer einen deutlichen Eigengeschmack mitbringen, der einen Drink verfälschen kann. Andere beliebte Mixer sind Tonic Water, Ginger Ale sowie Fruchtsäfte aller Art. Cola – und das sage ich als gebürtiger Amerikaner – kommt mir außer für einen Cuba Libre nicht in die Bar, denn der viel zu süße Geschmack erschlägt die feinen Nuancen eines gutgemixten Cocktails.

Der letzte Pfiff

Sirupe und Liköre geben einem Drink meistens den letzten Pfiff. Es gibt »Klassiker« wie Cassis (Schwarzer Johannisbeerlikör), Grenadinesirup (aus Granatäpfeln) sowie Angostura (eine Mischung aus verschiedenen pflanzlichen Bitterstoffen, benannt nach der Stadt Angostura in Venezuela). In letzter Zeit setzen sich bei uns auch solche »Exoten« wie Passionsfrüchtesirup, Mangosirup und Maracujasaft immer mehr durch. Die wichtigste Zutat zur Verfeinerung vieler Drinks ist jedoch gewöhnlicher Zuckersirup.

Zuckersirup herstellen

In den Drinkrezepten dieses Buches wird häufig Puderzucker verwendet. Besser und einfacher ist Zuckersirup, den Sie auch »auf Vorrat« herstellen können.

1. Geben Sie 250 g Zucker und 600 ml heißes Wasser in einen Kochtopf und erhitzen Sie beides unter ständigem Rühren.

2. Tauchen Sie einen Pinsel in heißes Wasser und wischen Sie damit die restlichen Zuckerkristalle von der Topfwand ab.

3. Lassen Sie den Sirup etwa 1 Minute lang kochen. Dann sofort vom Herd nehmen und abkühlen lassen.

4. Den abgekühlten Zuckersirup in eine Flasche füllen und in den Kühlschrank stellen. So hält er sich mehrere Wochen.

Kleine Gläserkunde
Ein gelungener Drink schmeckt noch mal so gut, wenn er aus dem richtigen Glas getrunken wird. Nun müssen Sie sich aber nicht gleich ein ganzes Gläserkabinett zulegen. Wein- und Sektgläser können in der Hausbar vielseitig verwendet werden, und ein etwas größeres Whiskeyglas faßt zur Not auch mal einen Longdrink. Mit den rechts aufgezählten sieben Gläsern (im Bild von links nach rechts) haben Sie ein Grundsortiment, mit dem Sie fast jeder Situation gerecht werden. Für Ihre Hausspezialität sollten Sie aber wahrscheinlich doch besondere Gläser besorgen, zum Beispiel Bowlengläser oder echte Irish-Coffee-Gläser.

7 Gläser für alle Fälle
Diese Grundtypen von Gläsern genügen für den Anfang. Die meisten von ihnen stehen wahrscheinlich schon bei Ihnen im Gläserschrank:

1. Sektkelche (Inhalt: $1/8$ l oder mehr)
2. dünne Sherry- oder Cocktailgläser (Inhalt: etwa $1/8$ l)
3. hohe Longdrinkgläser (Inhalt: $1/4$ l oder mehr)
4. schwere Whiskeygläser mit dickem Boden (Inhalt: etwa $1/4$ l)
5. normale Weißweingläser (Inhalt: etwa $1/4$ l)
6. klassische »doppelte« Schnapsgläser (Inhalt: 4 cl oder mehr)
7. hitzebeständige Teegläser für heiße Drinks (Inhalt: etwa $1/4$ l)

Eisiges Vergnügen
Ein Problem angesichts des typischen deutschen Kühlschranks mit seinem Mini-Kühlfach ist Eis, denn davon werden Sie als guter Mixer eine ganze Menge brauchen. Besorgen Sie sich mehrere zusätzliche Eiswürfelbehälter, in denen Sie möglichst große Eiswürfel machen können. Wenn Sie wissen, daß Freunde kommen, können Sie ja schon mal eine Plastiktüte mit Eiswürfeln füllen und in die Tiefkühltruhe legen. Und stellen Sie vor einem geselligen Abend ruhig mal den Kühlschrank kälter: Sehr kaltes Eis schmilzt langsamer im Glas, die Drinks verwässern also nicht so schnell.

Übung macht den Meister
Mixen ist ein tolles Vergnügen, jedenfalls für den, der mixt. Für denjenigen, der es trinken muß, ist der Spaß nur dann genauso groß, wenn der Barkeeper sein Handwerk versteht. Und da noch kein Meister vom Himmel gefallen ist, tun Sie sich und Ihren Gästen am Anfang sicher einen Gefallen, wenn Sie sich möglichst genau an die Rezepte und Mengen in diesem Buch halten. Es handelt sich in den meisten Fällen um bekannte internationale Cocktails mit oft erprobten Rezepten.

Tips und Tricks

Sprudel zuletzt
Kohlensäurehaltige Mixer wie Tonic, Soda oder Bitter Lemon kommen immer zum Schluß ins Glas, damit der Sprudeleffekt länger anhält.

Glas frosten

Es gibt drei Methoden, ein Glas zu frosten:

- Glas vor dem Mixen ins Kühlfach legen
- Glas vor Gebrauch mit zerstoßenem Eis füllen
- Drei oder vier Eiswürfel ein paar Sekunden lang im Glas schwenken

Schütteln oder rühren?
Geschüttelt werden Drinks mit Säften, Zucker, Eiern oder Sahne. Die meisten anderen Drinks sollte man rühren, aber vorsichtig: Eiswürfel schmelzen sonst zu schnell und verwässern den Drink. Bei stark sprudelnden Mixern genügt in der Regel die Eigenbewegung der Blasen, um die Zutaten ordentlich durcheinanderzurühren.

Spiralen drehen

Wenn das Rezept eine Zitronen- oder Orangenspirale vorschreibt, müssen Sie ein etwa 10 cm langes Stück von der Schale dünn abschneiden.

Die Schale kurz am Glasrand reiben, damit das Schalenöl daran haftet. Dann die Spirale kurz um die Längsachse drehen, damit ein kleines Tröpfchen Öl ins Glas fällt. Die Spirale dann in den Drink legen.

Ei trennen

Das Ei am Gefäßrand aufschlagen und über dem Gefäß zwischen den Schalenhälften hin- und hergleiten lassen, bis das Eiweiß vollständig ins Gefäß abgeflossen ist. Das Eigelb verbleibt in einer der Schalenhälften.

Eis zerstoßen

Eiswürfel in ein sauberes Küchenhandtuch einwickeln. Den so entstandenen »Beutel« auf einen festen Untergrund legen und mit einem Hammer oder Fleischklopfer draufschlagen, bis nur noch kleine Eisstückchen und einzelne Kristalle übrigbleiben. Den so entstandenen Eisschnee in ein Gefäß leeren und die Kristalle, die am Handtuch kleben, mit einem Löffel abkratzen.

Glas vorwärmen

Es gibt drei verschiedene Methoden, ein Glas für einen heißen Drink anzuwärmen, damit es beim Eingießen nicht zerspringt und das Getränk länger warm bleibt:

- Zum leichten Anwärmen genügt es, etwa 30 Sekunden lang heißes Wasser aus dem Wasserhahn ins Glas laufen zu lassen
- Um dünne Gläser langsam zu erwärmen, stellen Sie sie in einen Kochtopf, füllen diesen mit lauwarmem Wasser und stellen ihn so lange auf die heiße Herdplatte, bis Dampf aufzusteigen beginnt (Foto)
- Hitzefeste Gläser oder Tassen können Sie ruhig mit kochendem Wasser füllen; 1 Minute stehenlassen – und danach nur mit Topflappen anfassen!

In Maßen genießen

Und noch ein gutgemeinter Ratschlag zum Abschluß: Genießen Sie, aber tun Sie es in Maßen. Alkohol ist ein Genußmittel, das bei zu häufigem oder unvernünftigem Gebrauch zum Gift werden kann. Bedenken Sie bitte, daß die Wirkung von Alkohol von verschiedenen Dingen abhängig sein kann, zum Beispiel von der Fitneß, dem Körpergewicht oder davon, was und wieviel einer vorher gegessen hat. Daß man niemals einem Autofahrer Alkohol anbieten darf, versteht sich heute schon fast von selbst. Und für Kinder und Jugendliche ist Alkohol in keiner Form zu empfehlen.

Eine gutsortierte Hausbar und die Fähigkeit, gekonnt zu mixen, verraten viel über Persönlichkeit und Stil. In dieser Atmosphäre wird die Happy Hour mit guten Freunden für Sie immer wieder genau das sein, was der Name verspricht: glückliche und anregende Stunden voll Vergnügen und Geselligkeit. Viel Spaß dabei!

Sundowner

Überall auf den Trauminseln der Karibik finden sich die Urlauber wie von selbst gegen Abend an der Strandbar ein, ohne Verabredung, einfach so. Sie sind gebräunt von der Sonne, angenehm müde vom Schwimmen, Segeln und Tauchen. Sie haben sich umgezogen, geduscht, freuen sich schon auf einen bezaubernden Abend unter Palmen. Aber vorher haben sie noch eine allabendliche Aufgabe zu erledigen: »Der Sonne beim Untergehen helfen«, mit einem Drink in der Hand hinausschauen aufs spiegelblanke Meer und das immer neue Schauspiel erleben, wenn sich der goldene Ball langsam dem Horizont nähert, kurz zu zögern scheint und dann innerhalb von wenigen Augenblicken versinkt. Ein paar Sekunden lang herrscht Stille, dann applaudieren ein paar, die anderen drehen sich zu ihrem Partner um und stoßen an auf einen weiteren wunderschönen Tag und auf das Versprechen einer exotischen Nacht.

1 Für *Spiceballs* das Mehl und Salz in eine Schüssel geben. Die Butter in Stückchen und den Frischkäse unterrühren. Die Schüssel mit Klarsichtfolie abdecken und 1–2 Stunden in den Kühlschrank stellen.

2 Für die Füllung Knoblauch häuten, Frühlingszwiebeln putzen und waschen, beides fein hacken. Chilischote waschen, halbieren, Kerne und Stielansatz entfernen und die Schote ebenfalls fein hacken.

3 Öl in einer tiefen Pfanne erhitzen. Gemüse, Chilischote und Hackfleisch darin bei starker Hitze unter ständigem Rühren garen, bis das Hackfleisch braun ist.

4 Ingwer schälen, fein hacken, mit Thymian, Curry, Koriander, Paniermehl und Fleischbrühe zum Fleisch geben, salzen und pfeffern. Etwa 20 Minuten bei schwacher Hitze offen köcheln lassen, dabei immer wieder umrühren. Beiseite stellen und etwa 15 Minuten abkühlen lassen.

5 Backofen auf 220° (Umluft 200°) vorheizen. Den Teig auf gut bemehlter Arbeitsfläche etwa 2 mm dick ausrollen. Mit einem Glas Teigkreise von 6–7 cm Durchmesser ausstechen.

6 Die Hackfleischmischung mit angefeuchteten Händen zu kleinen Kugeln von etwa 2 cm Durchmesser formen. Je eine Kugel in die Mitte jedes Teigkreises setzen. Die Ränder der Teigscheiben hochklappen und oben mit den Fingern zusammendrücken. Die Teigtaschen auf ein mit Backpapier ausgelegtes Backblech legen.

7 Die Taschen im Backofen (Mitte) in 15–20 Minuten goldbraun backen. Herausnehmen und vor dem Servieren abkühlen lassen.

Tip

Tragen Sie möglichst Gummihandschuhe, wenn Sie in der Küche mit frischen Chilischoten arbeiten. Die scharfen Reizstoffe haften sonst trotz gründlichem Händewaschen stundenlang an den Fingern und brennen höllisch, wenn Sie damit in die Augen kommen.

Gut vorzubereiten

Zutaten für etwa 28 Teigtaschen:

Für den Teig:
100 g Mehl
1/4 Teel. Salz
100 g kalte Butter
150 g Doppelrahm-Frischkäse
Mehl für die Arbeitsfläche

Für die Füllung:
1 Knoblauchzehe
2 Frühlingszwiebeln
1 frische rote Chilischote
2 Eßl. neutrales Pflanzenöl
250 g Rinderhackfleisch
1 Scheibe Ingwer, etwa 1 cm dick
1/2 Teel. getrockneter Thymian
1 Teel. Currypulver
1 Prise Koriander, gemahlen
3 Eßl. Paniermehl
100 ml Fleischbrühe (selbstgemacht oder instant)
Salz
schwarzer Pfeffer, frisch gemahlen

Außerdem:
Backpapier

Zubereitungszeit:
etwa 1 Stunde (plus 2 Stunden Kühlzeit)

1 Für *Rum-Ananas im Speckmantel* Ananas schälen und in etwa 2 cm dicke Scheiben schneiden. Mit einer runden Ausstechform den harten Mittelteil herausschneiden und den Ananasring in mundgerechte Stücke schneiden. (Sie können auch Ananasringe aus der Dose nehmen, die schmecken allerdings nicht so gut wie frische.)

2 Die Ananasstücke in einer Schüssel mit dem Rum übergießen. Mit Folie abdecken und mindestens 2 Stunden, am besten über Nacht im Kühlschrank ziehen lassen.

3 Ein Backblech mit Alufolie auslegen und mit dem Öl bestreichen. Backofen auf 250° (Umluft 220°) vorheizen.

4 Kokosraspel in eine kleine Schüssel geben und die marinierten Ananasstücke darin wälzen.

5 Ketchup in eine kleine Schüssel geben und ein paar Tropfen Tabasco unterrühren.

6 Speckstreifen quer halbieren. Einen Pinsel in die Ketchup-Tabasco-Mischung tauchen und die Speckstreifen damit bestreichen. Je 1 Ananasstück darauf legen und im Speck einrollen. Speckenden mit je 1 Zahnstocher befestigen. Den Speck auch von außen mit Ketchup-Tabasco-Mischung bestreichen.

7 Die umwickelten Ananasstücke auf dem Backblech verteilen und etwa 10 Minuten im Backofen (Mitte) braten, bis der Speck knusprig ist. Dann auf einer Platte anrichten und heiß servieren.

8 Für den *Smoked Fish Dip* den Fisch von Kopf, Haut und Gräten befreien, in grobe Stücke schneiden und im Mixer pürieren. Sellerie putzen, Zwiebel schälen. Zwiebel, Sellerie und Gewürzgurken fein hacken. Etwas vom Sellerie für die Garnierung beiseite legen. Restlichen Sellerie, Zwiebel und Gewürzgurken mit Meerrettich, Koriander und Limettensaft zum Fischpüree geben und nochmals gut durchrühren.

9 Die Mischung in eine Schüssel geben. Tabasco und Mayonnaise unterrühren. Mit Salz und Pfeffer abschmecken, mit etwas gehacktem Sellerie und nach Belieben mit einer exotischen Frucht wie Physalis garnieren. Mit Mais-Chips oder Crackern servieren.

Gelingt leicht

Zutaten für jeweils
4–6 Personen:

Für Rum-Ananas im Speckmantel *(aus Hawaii)*
1/2 Ananas (etwa 600 g)
5 cl weißer oder brauner Rum
1 Teel. neutrales Pflanzenöl
100 g Kokosraspel
3 Eßl. Tomatenketchup
Tabasco
150 g Frühstücksspeck
(10 dünne lange Scheiben)

Außerdem:
Zahnstocher

Für Smoked Fish Dip *(aus Key West)*
500 g geräucherte Makrele
1 Stange Bleichsellerie
1 Zwiebel
50 g Gewürzgurken
1 Eßl. Meerrettich
1/4 Teel. Koriander, gemahlen
Saft von 1/2 Limette
1 Teel. Tabasco
80 g Mayonnaise, Salz
schwarzer Pfeffer, frisch gemahlen

Zubereitungzeit:
Für Rum-Ananas etwa 30 Minuten (plus 2–12 Stunden Marinierzeit)
Für Fish-Dip etwa 15 Minuten

1 Für *Stamp and Go* (Stockfischbällchen) Stockfisch über Nacht mit reichlich kaltem Wasser bedeckt einweichen. Wasser mehrmals erneuern. Stockfisch abgießen und in einen Topf geben. Mit Wasser bedeckt (nicht salzen!) zum Kochen bringen. Temperatur herunterschalten und den Fisch etwa 30 Minuten zugedeckt bei schwacher Hitze köcheln lassen.

2 Fisch im Sud abkühlen lassen, herausnehmen, Haut und Gräten entfernen. Den Fisch dabei mit den Fingern fein zerpflücken.

3 Zwiebeln schälen und fein hacken. In einem kleinen Topf die Butter zerlassen.

4 Mehl und Backpulver in eine Schüssel geben und mit Ei, zerlassener Butter und Milch verrühren. Stockfisch, Zwiebeln, Koriander und Chilipulver dazugeben und verrühren.

5 Öl in einem schweren Topf mit Deckel bei starker Hitze heiß werden lassen, bis an einem hineingehaltenen Holzlöffelstiel Bläschen emporsteigen. Mit zwei Teelöffeln aus dem Fischteig kleine Bällchen formen, portionsweise vorsichtig in das heiße Öl gleiten lassen und in 3–4 Minuten goldbraun ausbacken. Fertige Bällchen herausnehmen, auf Küchenpapier abtropfen lassen, kurz warm stellen. Bällchen heiß servieren.

6 Für *Shrimp-Canapees* die Garnelen abbrausen, gut trockentupfen. Mehl, Salz und Cayennepfeffer mischen. Garnelen darin wenden.

7 Öl in einer schweren Pfanne heiß werden lassen. Die Garnelen portionsweise vorsichtig hineingleiten lassen und etwa 2 Minuten bei starker Hitze unter Rühren garen. Herausnehmen und auf Küchenpapier abtropfen lassen.

8 In einer Schüssel Ingwer, Mayonnaise und Senf verrühren. 1 gehäuften Teelöffel dieser Mischung auf je 1 Cracker streichen. Je 1 Garnele darauf legen, mit Zitronensaft beträufeln und servieren.

Sofort servieren
Etwas teurer

Zutaten für jeweils
4–6 Personen:

Für Stamp and Go *(aus Jamaica)*
200 g Stockfisch
2 mittelgroße Zwiebeln
1 Eßl. Butter
100 g Mehl
1 Teel. Backpulver
1 Ei
150 ml Milch
1/4 Teel. Koriander, gemahlen
1/2 Teel. Chilipulver
1/2 l neutrales Pflanzenöl

Für Shrimp-Canapees *(aus Martinique)*
500 g rohe, geschälte Garnelenschwänze
5 Eßl. Mehl
1 Teel. Salz
1/2 Teel. Cayennepfeffer
4 Eßl. neutrales Pflanzenöl
2 Eßl. Ingwer, gerieben
150 g Mayonnaise
2 Eßl. mittelscharfer Senf
1 Tüte Cracker
Saft von 1/2 Zitrone

Zubereitungszeit:
Für Stamp and Go etwa 45 Minuten (plus 12 Stunden Wässern)
Für Shrimp-Canapees etwa 15 Minuten

Tip
Eiswürfel sollten immer zuerst ins Glas kommen. Auf jeden Fall vor einem kohlensäurehaltigen »Mixer« wie Cola, damit der erfrischend prickelnde Sprudeleffekt nicht verloren geht.

1 Für *Cuba Libre* die Zitrone auspressen.

2 Eiswürfel in ein hohes Longdrinkglas geben. Zitronensaft und Rum hineingießen.

3 Mit Cola auffüllen. Mit der Zitronenscheibe garnieren und mit einem Strohhalm servieren.

4 Für *Gimlet* Eiswürfel, Lime Juice, Gin und Puderzucker in einen Shaker geben und etwa 30 Sekunden lang kräftig schütteln.

5 Inhalt des Shakers durch ein Barsieb in ein vorgeeistes Weißweinglas (siehe Seite 8) geben. Mit der Zitronenscheibe garnieren.

6 Für *Daiquiri* die Limette auspressen.

7 Eiswürfel, Limettensaft, Rum und Puderzucker in einen Shaker geben und etwa 30 Sekunden lang kräftig schütteln.

8 Inhalt des Shakers durch ein Barsieb in eine vorgeeiste Cocktailschale (siehe Seite 8) gießen. Mit der Limettenscheibe garnieren.

Schnell

Zutaten für jeweils 1 Drink:

Für Cuba Libre *(rechts)*
1/2 Zitrone
4 Eiswürfel
4 cl weißer oder brauner Rum
Cola
1 Zitronenscheibe (Schale unbehandelt)

Für Gimlet *(links)*
3 Eiswürfel
4 cl Rose's Lime Juice (Feinkosthandel)
6 cl Gin
1 Teel. Puderzucker
1 Zitronenscheibe (Schale unbehandelt)

Für Daiquiri *(Mitte)*
1 Limette
3 Eiswürfel
6 cl weißer oder brauner Rum
1 Teel. Puderzucker
1 Limettenscheibe (Schale unbehandelt)

1 Für *Planter's Punch* die frischen Früchte auspressen.

2 Fruchtsäfte, Ananassaft, weißen und braunen Rum und 3 Eiswürfel in einen Barshaker geben und etwa 30 Sekunden lang kräftig schütteln.

3 Die restlichen Eiswürfel in ein gefrostetes Weinglas (siehe Seite 8) geben und den Inhalt des Shakers dazugießen.

4 Den Drink mit der Cocktailkirsche, je 1 Zitronen-, Orangen- und Limettenscheibe sowie den Minzeblättern garnieren und mit einem Strohhalm servieren.

5 Für *Beachcomber* den Rand eines hohen Glases mit der Zitrone bestreichen. Etwas Zucker auf einen flachen Teller geben und den Glasrand vorsichtig im Zucker drehen, damit ein dünner Zuckerrand entsteht.

6 Im Handtuch (siehe Seite 9) oder im Eiszerkleinerer 3 Eiswürfel zerstoßen und ins Glas füllen.

7 Rum, Triple Sec und Maraschino mit den übrigen Eiswürfeln in einen Barshaker geben und etwa 30 Sekunden lang kräftig schütteln.

8 Den Drink durch ein Barsieb auf das zerstoßene Eis gießen. Mit einem Strohhalm servieren.

9 Für *Piña Colada* den Rum, Ananassaft und Cream of Coconut mit 3 ganzen Eiswürfeln im Shaker etwa 30 Sekunden lang kräftig schütteln.

10 Restliche Eiswürfel im Handtuch (siehe Seite 9) oder im Eiszerkleinerer zerstoßen.

11 Ein Sherryglas oder einen kleinen Cognacschwenker mit dem zerstoßenen Eis füllen und den Inhalt des Shakers durch ein Barsieb hineingießen. Mit der Maraschinokirsche und, falls vorhanden, einer etwa 10 cm langen Stange frische Ananas garnieren. Mit einem Stohhalm servieren.

Tip

Für Ananas-Stangen die Schale gerade von der Frucht herunter schneiden. Mit einem spitzen Küchenmesser noch vorhandene Blütenansätze entfernen. Die Frucht längs in 2 cm dicke Scheiben, dann längs in 2 cm dicke Stangen schneiden. Holzigen Innenteil nicht verwenden.

Etwas aufwendiger

Zutaten für jeweils 1 Drink:

***Für Planter's Punch** (rechts)*
1/2 Orange
1/2 Zitrone
1 Limette
1 Eßl. Ananassaft
6 cl weißer Rum
3 cl brauner Rum
6 Eiswürfel
1 Cocktailkirsche
je 1 Zitronen-, Orangen- und Limettenscheibe (Schalen unbehandelt)
frische Minzeblätter

***Für Beachcomber** (Mitte)*
1/2 Zitrone
Zucker
6 Eiswürfel
4 cl brauner Rum
2 cl Triple Sec
1 Spritzer Maraschino

***Für Piña Colada** (links)*
6 cl brauner Rum
5 cl Ananassaft
2 cl Cream of Coconut (Feinkosthandel) oder Batida de Coco
6 Eiswürfel
1 Maraschinokirsche

1 Für *Mai Tai* 3 Eiswürfel im Handtuch (siehe Seite 9) oder im Eiszerkleinerer zerstoßen. Ein hohes Glas mit zerstoßenem Eis füllen und kurz in den Kühlschrank stellen.

2 Rum, Lime Juice, Zitronensaft und restliche Eiswürfel in einen Barshaker geben und etwa 30 Sekunden lang kräftig schütteln.

3 Den Inhalt des Shakers durch ein Barsieb auf das zerstoßene Eis im Glas gießen. Den Drink mit Minzeblättern garnieren und mit einem Strohhalm servieren.

4 Für *Algonquin* den Whiskey, Vermouth, Ananassaft und 3 Eiswürfel in einen Barshaker geben und etwa 30 Sekunden lang kräftig schütteln.

5 Die restlichen Eiswürfel in ein schweres, hohes Glas geben. Den Inhalt des Shakers durch ein Barsieb hineingießen und servieren.

6 Für *Hawaii Fizz* Eiswürfel mit Rum, Ananassaft und Puderzucker in einen Barshaker geben und etwa 30 Sekunden lang kräftig schütteln.

7 Den Inhalt des Shakers durch ein Barsieb in ein hohes Glas gießen und mit Sodawasser auffüllen. Mit einem Strohhalm servieren.

Raffiniert

Zutaten für jeweils 1 Drink:

Für Mai Tai *(Mitte)*
6 Eiswürfel
2 cl Strohrum (70%)
6 cl weißer oder brauner Rum
4 cl Rose's Lime Juice (Feinkosthandel)
Saft von 1 Zitrone
frische Minzeblätter

Für Algonquin *(links)*
6 cl Bourbon Whiskey
3 cl Dry Vermouth
3 cl Ananassaft
6 Eiswürfel

Für Hawaii Fizz *(rechts)*
4 Eiswürfel
6 cl brauner Rum
3 cl Ananassaft
1 Teel. Puderzucker
Sodawasser oder Sprudel

Bodega

In Sevilla gibt es eine kleine Kneipe, irgendwo in den verwinkelten Gassen hinter dem Alcázar, in der die Decke voller Schinken hängt, die Wand voller Stierkampfbilder und der lange Tresen abends voll ist von Menschen, die hier jeden Tag, den Gott werden läßt, miteinander die »hora azul«, die blaue Stunde, zelebrieren. Der Wirt, er heißt Jorge oder Pablo oder Pedro, hat den ganzen Nachmittag – jedenfalls solange er nicht seine Siesta gehalten hat – an den Tellern voll köstlicher Tapas gearbeitet, die er nun seinen Gästen gratis zur Sangria, zum Brandy oder zum Matador reicht und die mit ihrem pikanten Gewürz den Durst gleichermaßen anregen und verschönern. Neben dieser Kneipe gibt es Hunderte von anderen, und alle, alle sind zum Bersten voll mit ausgelassenen Menschen. Und da die Spanier und Lateinamerikaner einen so ganz anderen Begriff haben von der Zeit und ihrer Bedeutung, kann es sein, daß diese »Happy Hour« auch mal mehrere dauert – vielleicht sogar die ganze Nacht.

1 Für *Eier mit Garnelenfüllung* die Eier der Länge nach halbieren. Die Eigelbe herauslösen und in eine Schüssel geben.

2 In einem Topf Wasser aufkochen lassen, Garnelenschwänze darin etwa 2 Minuten sprudelnd kochen, dann herausnehmen, das Wasser aufheben.

3 Backofen auf 200° (Umluft 180°) vorheizen. Die Garnelenschwänze aus der Schale lösen und den schwarzen Darm am Rücken mit einem kleinen Messer entfernen. Die Garnelenschwänze in kleine Stücke schneiden und beiseite stellen.

4 Öl in einer Pfanne erhitzen und Mehl darin anschwitzen. Wein und 200 ml vom Kochwasser der Garnelen dazugießen. Das Garnelenfleisch in die Sauce geben, gut verrühren, kurz beiseite stellen.

5 Die leeren Eiweißhälften unten flach beschneiden, damit sie stehen bleiben. Ein Backblech einfetten, die Eier darauf anrichten und mit der Garnelenfleischsauce füllen. Die gefüllten Eier im Backofen (Mitte) etwa 10 Minuten überbacken.

6 Eigelbe zerhacken. Die gefüllten Eier damit bestreuen, heiß servieren.

7 Für *Marinierte Tatarbällchen* das Tatar gut mit Zitronensaft vermischen. Mit Klarsichtfolie abgedeckt mindestens 4 Stunden im Kühlschrank marinieren.

8 Tomate und Chilischoten waschen. Tomate halbieren, vom Stielansatz befreien. Chilischote halbieren, Kerne und Stielansatz entfernen, Chillies und Tomate fein hacken. Zwiebel schälen, ebenfalls fein hacken. Tomate, Chilischoten und Zwiebel mit Salz in die Schüssel zum Fleisch geben und alles gut vermischen. Noch etwa 2 Stunden im Kühlschrank marinieren.

9 Aus der Fleischmasse kleine Bällchen formen. Auf Crackern oder Tortillachips anrichten, nach Belieben noch mit frischen Chilistreifen und Petersilienblättchen garnieren und kalt servieren.

Wichtiger Hinweis

Rohes Tatar unbedingt noch am selben Tag, an dem Sie es frisch durchgedreht gekauft haben, verbrauchen!

Gelingt leicht • Etwas teurer

Zutaten für jeweils 4–6 Personen:

Für Eier mit Garnelenfüllung

8 frische hartgekochte Eier
400 g rohe, ungeschälte Riesengarnelenschwänze
2 Eßl. neutrales Pflanzenöl
2 Eßl. Mehl
100 ml Weißwein
Butter für das Backblech

Für Marinierte Tatarbällchen

500 g Tatar, ganz frisch durchgedreht
Saft von 2 Zitronen
1 kleine Tomate
2–3 frische Chilischoten
1/2 Zwiebel
Salz
1 Tüte Cracker oder Tortillachips

Zubereitungszeit:

Für Eier mit Garnelenfüllung etwa 35 Minuten
Für Marinierte Tatarbällchen etwa 20 Minuten (plus mindestens 6 Stunden Marinierzeit)

1 Für *Muscheln mit Knoblauch* die Muscheln unter fließendem Wasser abbürsten. Geöffnete Muscheln wegwerfen.

2 Backofen auf 220° (Umluft 200°) vorheizen. Frische Kräuter abbrausen, Blättchen fein hacken. Schalotte schälen, Knoblauch häuten. Beides ebenfalls fein hacken. Knoblauch und Petersilie beiseite stellen. Wein, 1/8 l Wasser, Schalotte, Thymian, Estragon, Basilikum und Salz in einen Topf geben und zum Kochen bringen.

3 Muscheln dazugeben. Zugedeckt bei starker Hitze 2–3 Minuten kochen lassen, bis sich die Muscheln öffnen. Noch geschlossene Muscheln 1–2 Minuten weiterkochen. Muscheln, die sich dann noch nicht geöffnet haben, wegwerfen!

4 Leere Schalenhälften von den offenen Muscheln entfernen. Die Schalenhälften mit dem Muschelfleisch in eine große feuerfeste Form legen.

5 Knoblauch und Petersilie mit der Butter vermischen. Mit einem Löffel etwas von der Buttermischung auf jede Muschel geben. Muscheln in 3–4 Minuten im Backofen (oben) überbacken. Heiß servieren.

6 Für *Panierte Auberginen* die Auberginen waschen, Stielansätze entfernen. Auberginen in 1 1/2–2 cm dicke Scheiben schneiden. Mit Salz bestreuen und etwa 15 Minuten ruhen lassen.

7 Salz mit kaltem Wasser abwaschen und die Auberginenscheiben auf Küchenpapier abtropfen lassen.

8 Auberginenscheiben mit Zitronensaft beträufeln. Ein paar Minuten ziehen lassen, dann in Mehl wenden, durch die verquirlten Eier ziehen und in Paniermehl wenden.

9 In einer schweren hohen Pfanne Öl erhitzen. Auberginenscheiben darin portionsweise bei starker Hitze in 4–5 Minuten von beiden Seiten goldbraun braten. Herausnehmen und wieder auf Küchenpapier abtropfen lassen. Heiß servieren.

Raffiniert

Zutaten für jeweils 4–6 Personen:

Für Muscheln mit Knoblauch
30 große frische Miesmuscheln
1 Bund Petersilie
je 2 Zweige frischer oder
1/2 Teel. getrockneter Thymian, Estragon und Basilikum
1 Schalotte
4 Knoblauchzehen
1/8 l Weißwein
Salz
150 g weiche Butter

Für Panierte Auberginen
2 mittelgroße Auberginen (je etwa 250 g)
Salz
Saft von 1 Zitrone
100 g Mehl
2 Eier, verquirlt
100 g Paniermehl
100 ml neutrales Pflanzenöl

Zubereitungszeit:
Für Muscheln mit Knoblauch etwa 30 Minuten
Für Panierte Auberginen etwa 20 Minuten

1 Für *Mexikanische Schweinefleischwürfel* das Fleisch in 3–4 cm große Würfel schneiden.

2 Fleisch in eine schwere Pfanne geben. Soviel Wasser angießen, daß die Fleischwürfel nur knapp bedeckt sind. Nach Geschmack salzen.

3 Wasser zum Kochen bringen und das Fleisch bei starker Hitze offen kochen lassen, bis das Wasser ganz verdampft ist.

4 Knoblauch häuten, fein hacken, zum Fleisch in die Pfanne geben. Alles mit Paprikapulver bestreuen und bei mittlerer Hitze etwa 5 Minuten weitergaren lassen. Dabei die Fleischwürfel ständig wenden, bis sie leicht gebräunt und knusprig sind.

5 Mit dem Orangensaft ablöschen, nach Belieben Zucker einrühren. Dann aufkochen lassen. Bei mittlerer Hitze unter Rühren offen kochen, bis die Flüssigkeit dicklich geworden ist und die Fleischstücke mit der Sauce überzogen sind.

6 Die Fleischwürfel nach Belieben mit Korianderblättchen garnieren. Mit Salsa Mexicana (Scharfe rohe Sauce) servieren.

7 Für *Salsa Mexicana* Tomaten waschen, halbieren, Stielansätze entfernen. Fruchtfleisch klein würfeln und in eine Schüssel geben. Schalotten schälen, fein hacken und unter die Tomaten mischen.

8 Chilischoten waschen, von Kernen und Stielansatz befreien und fein hacken. Chilischoten und Limettensaft zu den anderen Zutaten in die Schüssel geben und gut verrühren. Mit Tabasco, Salz und Pfeffer abschmecken. Koriander abbrausen, Blättchen fein hacken, unter die Sauce rühren. Die scharfe Sauce frisch als Dip mit Tacos servieren oder zum Würzen von Fleischgerichten verwenden.

Die mexikanischen Hausfrauen sind sehr stolz auf »ihre« Salsa, und jede bereitet sie ein wenig anders zu. Experimentieren auch Sie ruhig mit anderen Gewürzen wie beispielsweise Thymian, Lorbeer oder Kreuzkümmel ganz nach Geschmack – Hauptsache scharf!

Gelingt leicht • Pikant

Zutaten für jeweils 4 Personen:

Für Mexikanische Schweinefleischwürfel
500 g durchwachsenes Schweinefleisch (beispielsweise Halsgrat)
Salz
2–3 Knoblauchzehen
1/2 Teel. Paprikapulver, rosenscharf
Saft von 2 Orangen (etwa 150 ml)
1/2 Teel. Zucker nach Belieben
Korianderblättchen zum Garnieren

Für Salsa Mexicana
2 reife Fleischtomaten (etwa 300 g)
2 Schalotten
2 frische rote Chilischoten
4 Eßl. Limettensaft
Tabasco
Salz
schwarzer Pfeffer, frisch gemahlen
1/2 Bund frischer Koriander

Zubereitungszeit:
Für Mexikanische Schweinefleischwürfel etwa 30 Minuten
Für Salsa Mexicana etwa 20 Minuten

1 Für *Sangria* die Zitrone und die Orange auspressen und die Säfte zusammen in ein großes Rotweinglas geben.

2 Rotwein, Brandy, Blue Curaçao und Zucker dazugeben und gut umrühren, bis sich der Zucker ganz aufgelöst hat.

3 Mit der Orangenscheibe garnieren und nach Belieben mit einem Strohhalm servieren.

4 Für *Sevilla Cocktail* das Ei aufschlagen und in einen Barshaker geben.

5 Puderzucker, Portwein, Rum und Eiswürfel dazugeben und den Shaker etwa 30 Sekunden lang kräftig schütteln.

6 Den Inhalt des Shakers durch ein Barsieb in ein hohes Glas geben.

7 Für *Lisboa* Eiswürfel zerstoßen (siehe Seite 9) und den Eisschnee in ein hohes Glas füllen.

8 Portwein über das Eis gießen, mit Sodawasser auffüllen und alles kurz umrühren.

9 Den Drink mit Minzeblättern und frischen Früchten garnieren. Mit einem Strohhalm und einem Teelöffel (für die Früchte) servieren.

Wichtiger Hinweis

Bitte verwenden Sie nur ganz frische Eier von freilaufenden Hühnern, um das Salmonellenrisiko zu verringern.

Tip

Normalerweise bereitet man von Sangria immer gleich einen ganzen Krug vor. Für 4–6 Personen nehmen Sie den Saft von je 3 Zitronen und Orangen, 3/4 l Rotwein, 6 cl Brandy sowie 4 cl Blue Curaçao und geben, je nach Geschmack, 3–5 Eßlöffel Zucker dazu.

Gelingt leicht

Zutaten für jeweils 1 Drink:

Für Sangria *(rechts)*
1/2 Zitrone
1/2 Orange
1/4 l spanischer Rotwein
2 cl spanischer Brandy
1 cl Blue Curaçao
1 Eßl. Zucker
1 Orangenscheibe (Schale unbehandelt)

Für Sevilla Cocktail *(Mitte)*
1 frisches Ei
1/2 Teel. Puderzucker
4 cl Portwein
4 cl brauner oder weißer Rum
3 Eiswürfel

Für Lisboa *(links)*
4 Eiswürfel
6 cl weißer Portwein
Sodawasser oder Sprudel
1 Zweig frische Minze
Früchte der Saison (beispielsweise Erdbeeren, Pfirsichstücke oder Bananenscheiben)

1 Für *Mexicana* die Zitrone auspressen und den Saft in einen Barshaker gießen.

2 Tequila, Ananassaft, Grenadinesirup und Eiswürfel in den Shaker geben und etwa 30 Sekunden lang kräftig schütteln.

3 Den Inhalt des Shakers durch ein Barsieb in ein Weinglas oder eine Cocktailschale gießen. Mit der Zitronenscheibe und der Cocktailkirsche garnieren.

4 Für *Margarita* die Zitrone auspressen und den Saft in einen Barshaker gießen.

5 Das Salz auf einem flachen Teller verteilen. Den Rand eines Weinglases mit der ausgedrückten Zitrone abreiben. Den Rand des Glases vorsichtig im Salz drehen, bis sich eine dünne Salzkruste bildet.

6 Tequila, Curaçao Triple Sec und Eiswürfel in den Shaker geben und etwa 30 Sekunden lang kräftig schütteln.

7 Den Inhalt des Shakers durch ein Barsieb ins Weinglas gießen, ohne den Salzrand zu beschädigen. Beim Trinken vermischt sich der Drink im Mund mit dem Salz zum typischen, köstlichen Margarita-Genuß.

8 Für *Tequila Sunrise* die Orangen auspressen und in einen Barshaker geben.

9 Tequila und Eiswürfel dazugeben und etwa 30 Sekunden lang kräftig schütteln. Den Inhalt des Shakers durch ein Barsieb in ein großes Rotweinglas gießen.

10 Den Grenadinesirup vorsichtig vom Eßlöffel in das Weinglas tropfen lassen. Warten, bis sich der Sirup am Boden gesammelt hat, und dann kurz mit einem Teelöffel rühren. Der aufsteigende Sirup ergibt ein wunderschönes Farbenspiel, das an einen Sonnenaufgang erinnert.

Etwas aufwendiger

Zutaten für jeweils 1 Drink:

Für Mexicana *(links)*
1/2 Zitrone
4 cl Tequila
1 Eßl. Ananassaft
1 Teel. Grenadinesirup
3 Eiswürfel
1 Zitronenscheibe (Schale unbehandelt)
1 Cocktailkirsche

Für Margarita *(rechts)*
1/2 Zitrone
1 Eßl. Salz
4 cl Tequila
2 cl Curaçao Triple Sec
4 Eiswürfel

Für Tequila Sunrise *(Mitte)*
2 Orangen
6 cl Tequila
3 Eiswürfel
1 Eßl. Grenadinesirup

1 Für *Matador* die Zitrone auspressen und den Saft in einen Barshaker gießen.

2 Tequila, Ananassaft und 3 Eiswürfel in den Shaker geben und etwa 30 Sekunden lang kräftig schütteln.

3 Die restlichen Eiswürfel in ein halbhohes Glas geben und den Inhalt des Shakers durch ein Barsieb hineingießen. Den Drink mit der Limettenscheibe garnieren.

4 Für *Sherry Twist* die Zitrone auspressen und den Saft in einen Barshaker geben.

5 Cream Sherry, Weinbrand, Vermouth, Triple Sec und Eiswürfel in den Shaker geben und etwa 30 Sekunden lang kräftig schütteln.

6 Den Inhalt des Shakers durch ein Barsieb in ein Weinglas geben. 1 Prise Zimt auf die Oberfläche streuen und mit der Orangenspirale garnieren.

7 Für *Mariposa* die Zitrone und die Orange auspressen und die Säfte in einen Barshaker geben.

8 Rum, Weinbrand, ein paar Tropfen Grenadinesirup und die Eiswürfel in den Shaker geben und etwa 30 Sekunden lang kräftig schütteln.

9 Den Inhalt des Shakers durch ein Barsieb in ein Weinglas gießen und mit der Orangen- und der Zitronenscheibe garnieren.

Tip

Am besten richten Sie Garnierungen wie Orangen- oder Zitronenscheiben, Oliven oder Cocktailkirschen rechtzeitig auf einem flachen Teller an und decken sie mit Klarsichtfolie ab. Sie sparen sich dadurch später, wenn die Gäste da sind, eine Menge Zeit.

Raffiniert

Zutaten für jeweils 1 Drink:

***Für Matador** (links)*
1/2 Zitrone
6 cl Tequila
6 cl Ananassaft
6 Eiswürfel
1 Limettenscheibe (Schale unbehandelt)

***Für Sherry Twist** (rechts)*
1/2 Zitrone
4 cl Cream Sherry
2 cl Weinbrand
2 cl Dry Vermouth (weiß)
2 cl Curaçao Triple Sec
3 Eiswürfel
Zimtpulver
1 Spirale aus Orangenschale (Schale unbehandelt)

***Für Mariposa** (Mitte)*
1/2 Zitrone
1/2 Orange
4 cl brauner oder weißer Rum
2 cl Weinbrand
Grenadinesirup
3 Eiswürfel
je 1 Orangen- und Zitronenscheibe (Schale unbehandelt)

Maritim

Entlang der Mittelmeerküste zwischen Marseille und Genua gibt es unzählige kleine Lokale, in denen die Einheimischen abends sitzen und zuschauen, wie die reichen Touristen vom Strand zurücklaufen in Richtung der vielen Grand Hotels, um sich für einen neuen Abend an den Roulettetischen von Nizza, Monte Carlo oder San Remo zurechtzumachen. Die Fischer, Fahrer und Gemüseverkäufer schlürfen genüßlich ihren Pastis oder Campari, knabbern eine Kleinigkeit dazu und schütteln den Kopf über die Ausländer, die offenbar nicht einmal im Urlaub Ruhe finden. Und wenn sich einmal ein Fremder zu ihnen verirrt, wird er freundlich und herzlich begrüßt, bestaunt und bewirtet. Denn nichts ist den Leuten, die an der »mare nostrum« leben, heiliger als die Gastfreundschaft.

HOT
Bitburger Pils
CAFE
Le cintra
Le cintra

1 Für *Eier mit Olivenpaste* Sardellen kalt abspülen, dann in Milch einlegen und mindestens 2 Stunden darin ziehen lassen.

2 Eier in etwa 10 Minuten hart kochen, abschrecken, abkühlen lassen. Inzwischen Knoblauch häuten, fein hacken. Thymian abbrausen, Blättchen abzupfen.

3 Sardellen aus der Milch nehmen, kurz abbrausen, trockentupfen. Oliven grob zerhacken und zusammen mit Pfefferkörnern, Lorbeerblatt, Knoblauch, Thymianblättchen, Sardellen und Kapern im Mixer pürieren oder im Mörser zerdrücken.

4 Die Mischung in eine kleine Schüssel geben und Olivenöl unter Rühren dazugeben, bis das Ganze eine cremige Paste bildet. Diese Tapenade kann auch so mit einem kleinen Löffel zum Aperitif gereicht werden.

5 Die Eier pellen und der Länge nach in Hälften schneiden. Die Eigelbe herausnehmen und mit der Tapenade vermischen. Noch ein paar Tropfen Olivenöl dazugeben und alles gut cremig rühren.

6 Jeweils 1 Eßlöffel von der Mischung in die Höhlung der Eiweißhälften füllen.

7 Für *Zwiebeln in Rotwein* die Perlzwiebeln schälen.

8 In einem Topf Wasser aufkochen lassen. Temperatur herunterschalten, Zwiebeln, 1 Thymianzweig und 1 Lorbeerblatt hineingeben und etwa 8 Minuten bei schwacher Hitze zugedeckt köcheln lassen. Zwiebeln abgießen und gut abtropfen lassen.

9 Speck klein würfeln. Öl in einer Pfanne erhitzen und den Speck darin bei starker Hitze etwa 5 Minuten braten. Zwiebeln dazugeben und unter Wenden goldbraun braten.

10 Zwiebeln mit Rotwein übergießen. Salzen, pfeffern, 1 Thymianzweig, 1 Lorbeerblatt und Gewürznelken dazugeben und alles etwa 20 Minuten zugedeckt bei mittlerer Hitze schmoren lassen, bis der Rotwein etwas eingekocht ist. Im Sud abkühlen lassen. Lauwarm servieren.

Etwas aufwendiger • Würzig

Zutaten für jeweils
4–6 Personen:

Für Eier mit Olivenpaste
10 Sardellenfilets
50 ml Milch
10 Eier
2 Knoblauchzehen
1 Zweig Thymian
300 g schwarze Oliven, entsteint
10 schwarze Pfefferkörner
1 Lorbeerblatt
20 g Kapern
3–4 Eßl. Olivenöl

Für Zwiebeln in Rotwein
600 g Perlzwiebeln
2 Zweige Thymian
2 Lorbeerblätter
150 g Speck, ohne Schwarte
2 Eßl. Olivenöl
1/2 l trockener Rotwein
Salz
schwarzer Pfeffer, frisch gemahlen
2 Gewürznelken

Zubereitungszeit:
Für Eier mit Olivenpaste etwa 30 Minuten (plus 2 Stunden Entsalzen)
Für Zwiebeln in Rotwein etwa 1 Stunde

1 Für *Paprika mit Sardellen* Sardellenfilets abbrausen, in eine Schüssel geben, mit Milch bedecken und mindestens 2 Stunden ziehen lassen. Inzwischen Elektrogrill oder den Backofen auf 250° (Umluft 220°) vorheizen.

2 Paprikaschoten waschen, trockentupfen. Unter den Grill oder etwa 20 Minuten in den Backofen (oben) legen und unter Wenden garen, bis die Haut schwarz geworden ist. Mit kaltem Wasser abschrecken, dann die schwarze Haut mit den Fingern abziehen.

3 Paprikaschoten längs halbieren, Stielansätze, Trennhäute und Kerne entfernen. Schoten in lange dünne Streifen schneiden. Knoblauch häuten und fein hacken.

4 Öl in einer schweren Pfanne erhitzen. Paprikastreifen und Thymian hineingeben und bei schwacher Hitze 5–10 Minuten garen.

5 Sardellenfilets abbrausen, abtropfen lassen und zu den Paprikaschoten in die Pfanne geben. Mit einem Holzlöffel verrühren, bis sich die Sardellen ganz aufgelöst haben.

6 Die Pfanne vom Herd nehmen. Knoblauch mit Basilikum und Minze hineingeben und gut verrühren. Mit Pfeffer würzen. Das Gemüse in eine Tonschale geben und mit leicht angeröstetem Weißbrot servieren.

7 Für *Artischocken in Marinade* in einer Schüssel kaltes Wasser mit dem Saft von 1 Zitrone mischen. Die holzigen äußeren Blätter der Artischocken entfernen, die harten Spitzen der übrigen Blätter abschneiden. Geputzte Artischocken sofort in das Zitronenwasser legen.

8 In einer Kasserolle 1/2 l Wasser mit Olivenöl, restlichem Zitronensaft, Salz, Pfeffer und Bouquet garni aufkochen. Artischocken hineingeben und bei mittlerer Hitze 20–30 Minuten kochen lassen.

9 Die Artischocken im Sud erkalten lassen, dann herausnehmen. Den erkalteten Sud durch ein feines Sieb in eine flache Auflaufform gießen. Die Artischocken hineinsetzen und servieren.

Gelingt leicht • Raffiniert

Zutaten für jeweils 4–6 Personen:

Für Paprika mit Sardellen
20 Sardellenfilets
100 ml Milch
6 Paprikaschoten (je etwa 150 g)
3 Knoblauchzehen
100 ml Olivenöl
1 Teel. frische Thymianblättchen
15 frische Basilikumblätter
6 frische Minzeblätter
schwarzer Pfeffer, frisch gemahlen

Für Artischocken in Marinade
Saft von 3 Zitronen
12 kleine zarte Artischocken
6 Eßl. Olivenöl
Salz
schwarzer Pfeffer, frisch gemahlen
1 Bouquet garni (Sellerie, Thymian, Lorbeerblatt, Fenchel und Knoblauch)

Zubereitungszeit:
Für Paprika mit Sardellen etwa 40 Minuten (plus 2 Stunden Entsalzen)
Für Artischocken in Marinade etwa 45 Minuten (plus 1 Stunde Abkühlzeit)

Info

Aperitifs dienen als »Magenöffner«, denn sie regen die Produktion von Magensaft an und »machen« auf diese Weise tatsächlich Appetit.
Aperitifs werden nur selten garniert.

1 Für *Kir Royal* 1 Teelöffel Crème de Cassis (oder noch weniger, denn der Geschmack ist sehr ausdrucksvoll) in ein Sektglas geben und mit Sekt oder Champagner aufgießen.

2 Für *Pastis Orange* das Eis in ein hohes Glas geben und mit dem Pernod (Pastis) übergießen.

3 Mit soviel Orangensaft auffüllen, wie Sie mögen – fertig!

4 Für *Napoleon* den Gin, Blue Curaçao, Dubonnet und Eiswürfel in ein hohes Glas geben.

5 Kurz umrühren und mit der Zitronenscheibe garnieren.

Schnell • Gelingt leicht

Zutaten für jeweils 1 Drink:

***Für Kir Royal** (rechts)*
Crème de Cassis
eiskalter Sekt oder Champagner

***Für Pastis Orange** (links)*
4 Eiswürfel
4 cl Pernod
Orangensaft, frisch gepreßt

***Für Napoleon** (Mitte)*
6 cl Gin
1/2 Teel. Blue Curaçao
1/2 Teel. Dubonnet
3 Eiswürfel
1 Zitronenscheibe (Schale unbehandelt)

Variante: Negroni
Wenn Sie dem Drink Americano noch 2 cl Gin hinzugeben, erhalten Sie einen etwas stärkeren Cocktail namens »Negroni«.

Tip
Statt Grenadinesirup, einem bewährten Bar-Klassiker, können Sie für Bellini auch ruhig einmal mit Exoten wie Guave- oder Mangosirup experimentieren, die inzwischen auch bei uns in Mode gekommen sind. Motto: Erlaubt ist, was schmeckt.

1 Für *Americano* Eiswürfel in ein kleines Whiskeyglas oder Cocktailglas geben und mit dem Campari und dem Vermouth übergießen. Kurz umrühren.

2 Den Drink mit der Zitronenspirale garnieren.

3 Für *Amaretto* Sour die Zitrone auspressen und den Saft in einen Barshaker gießen.

4 Amaretto und Eiswürfel in den Shaker geben und etwa 30 Sekunden lang kräftig schütteln.

5 Inhalt des Shakers durch ein Barsieb in ein Weißweinglas gießen. Mit der Cocktailkirsche garnieren.

6 Für *Bellini* den Pfirsich dünn schälen. Das Fruchtfleisch in Spalten vom Kern schneiden und durch ein Küchensieb passieren oder im Mixer pürieren.

7 Fruchtpüree in ein Sektglas geben und mit Sekt auffüllen. Grenadinesirup hineinrühren und mit der Zitronenscheibe garnieren.

Gelingt leicht

Zutaten für jeweils 1 Drink:

Für Americano *(links)*
2 Eiswürfel
3 cl Campari
3 cl Vermouth Rosso
1 Spirale aus Zitronenschale (Schale unbehandelt)

Für Amaretto Sour *(rechts)*
1 Zitrone
6 cl Amaretto
3 Eiswürfel
1 Cocktailkirsche

Für Bellini *(Mitte)*
1 frischer reifer Pfirsich
eiskalter trockener Sekt
1–2 Tropfen Grenadinesirup
1 Zitronenscheibe (Schale unbehandelt)

Digestifs, auch »After dinners« genannt, haben eine verdauungsfördernde Funktion. Wer gerne und viel ißt, tut gut daran, die Mahlzeit mit einem solchen Drink abzuschließen.

Wichtiger Hinweis
Bitte verwenden Sie nur ganz frische Eier von freilaufenden Hühnern, um das Salmonellenrisiko zu verringern.

1 Für *Adonis* den Sherry, Vermouth Rosso, Orangen-Bitter und Eiswürfel in ein Rührglas oder in den Unterteil eines Barshakers geben und etwa 20 Sekunden lang langsam umrühren.

2 Inhalt des Rührglases durch ein Barsieb in ein kleines Weinglas gießen.

3 Für *Via Veneto* das Ei trennen (siehe Seite 9). Das Eigelb anderweitig verwenden. Die Hälfte des Eiweißes in einen Barshaker geben.

4 Eiswürfel, Weinbrand, Sambuca, Zitronensaft und Puderzucker in den Shaker geben und etwa 30 Sekunden lang kräftig schütteln.

5 Inhalt des Shakers durch ein Barsieb in ein kleines Weinglas gießen. Mit der Zitronenscheibe servieren.

6 Für *Black Magic* den Wodka, Espresso, Zitronensaft und Eiswürfel in einen Barshaker geben und etwa 30 Sekunden lang kräftig schütteln.

7 Inhalt des Shakers durch ein Barsieb in ein schweres Whiskeyglas geben und mit der Zitronenspirale garnieren.

Gelingt leicht

Zutaten für jeweils 1 Drink:

Für Adonis *(links)*
2 cl trockener Sherry
4 cl Vermouth Rosso
1 Tropfen Orangen-Bitter (Feinkosthandel)
3 Eiswürfel

Für Via Veneto *(Mitte)*
1 Ei
3 Eiswürfel
4 cl Weinbrand
1 Teel. Sambuca
1 Teel. Zitronensaft
1 Teel. Puderzucker
1 Zitronenscheibe (Schale unbehandelt)

Für Black Magic *(rechts)*
6 cl Wodka
3 cl Espresso (vorher abkühlen lassen)
1–2 Tropfen Zitronensaft
3 Eiswürfel
1 Spirale aus Zitronenschale (Schale unbehandelt)

Colonial Hour

In Singapur, in Bombay und an den Victoriafällen in Südostafrika stehen die letzten »Outposts of Empire«, die Außenposten des ehemaligen britischen Weltreiches, in dem die Sonne nie unterging: imposante weiße Hotelriesen, in denen die Kolonialherren einst nach einem heißen Tag zusammenkamen, um einen Drink zu nehmen, sich die neuesten Geschichten aus der Heimat zu erzählen, Geschäfte zu machen oder einfach nur den aktuellsten Klatsch zu hören. Die kleine Gemeinde der Europäer hatte ihre eigenen Gewohnheiten und Traditionen. Für sie war die letzte Stunde vor dem Abend, die sie im »Club«, an der »Long Bar« oder auf der Veranda ihres Landsitzes verbrachten, jedenfalls mehr als nur eine durchaus kultivierte Art, sich die Zeit bis zum Abendessen zu vertreiben. Es war auch die Stunde, in der man sich an zu Hause erinnerte und daran, wie anders dieses Leben unter der heißen Sonne der Tropen war als das daheim – aufregend, manchmal entbehrungsreich und immer voller Abenteuer.

7
16
15

1 Für *Cucumber Sandwiches* (Gurken-Sandwiches) die Gurke schälen, längs halbieren, dann quer in ganz dünne Scheiben schneiden. Salzen und pfeffern.

2 Die Rinde vom Kastenweißbrot abschneiden und das Brot in etwa 1 cm dicke Scheiben schneiden.

3 Butter mit der Petersilie vermischen. Die Brotscheiben damit bestreichen.

4 Die Hälfte der Brotscheiben mit den Gurkenscheiben belegen. Mit den restlichen Brotscheiben, die bestrichene Seite nach unten, bedecken. Die Sandwiches diagonal durchschneiden, so daß Dreiecke entstehen, und servieren.

5 Für *English Muffins* die Milch in einem kleinen Topf aufkochen lassen. Zusammen mit 150 ml Wasser, Zucker und Salz in eine Schüssel geben und umrühren. Die Hefe einrühren.

6 Die Hälfte des Mehls durch ein Sieb in die Schüssel geben und alles zu einem glatten Teig verrühren. Zugedeckt an einem warmen Ort etwa 1 Stunde gehen lassen.

7 Die Butter und das restliche Mehl unterrühren. Den Teig gut durchkneten. 4–5 cm hohe Ausstechformen von etwa 10 cm Durchmesser gut einfetten, auf ein Backblech stellen und jeweils zur Hälfte mit Teig füllen. Zugedeckt nochmals etwa 15 Minuten stehen lassen.

8 Eine schwere hohe Bratpfanne mit Butter einfetten und auf die heiße Herdplatte stellen. Die ersten vier Formen mit dem Teig vorsichtig vom Blech lösen und in die Pfanne stellen. Zugedeckt bei mittlerer Hitze die Unterseite in etwa 8 Minuten goldbraun werden lassen. Dann wenden und etwa 7 Minuten weiterbacken, bis auch die andere Seite goldbraun ist. Mit den restlichen Formen genauso verfahren.

9 Die Muffins aus den Formen ziehen und heiß servieren. Zum Essen in der Mitte auseinanderreißen und mit Butter, Erdbeermarmelade und Schlagsahne bestreichen.

Gelingt leicht

Zutaten für jeweils
4–6 Personen:

Für Cucumber Sandwiches
1 Salatgurke
Salz
schwarzer Pfeffer, frisch gemahlen
1 Kastenweißbrot
125 g weiche Butter
1 Bund glatte Petersilie, fein gehackt

Für English Muffins
150 ml Milch
1 Teel. Zucker
1 Teel. Salz
1 Päckchen Trockenhefe
500 g Mehl
100 g weiche Butter
Butter für Formen und Pfanne

Zum Servieren:
Erdbeermarmelade, Butter und Schlagsahne

Zubereitungszeit:
Für Cucumber Sandwiches etwa 15 Minuten
Für English Muffins etwa 1 Stunde (plus 1 1/4 Stunden Ruhezeit)

1 Für *Reispfannkuchen* den Joghurt mit 700 ml Wasser und Salz verrühren.

2 Reismehl und Weizenmehl in einer Schüssel vermischen. Den flüssigen Joghurt dazugeben und alles zu einem dicken Teig verrühren. Über Nacht zugedeckt an einem warmen Ort ruhen lassen.

3 Zwiebel schälen. Paprika waschen, halbieren, von Kernen, Trennwänden und Stielansatz befreien. Zwiebel und Paprika fein hacken. Butterschmalz in einer kleinen Bratpfanne erhitzen. Senfkörner darin bei mittlerer Hitze anbraten, bis sie aufplatzen. Zwiebel und Paprika dazugeben und unter Rühren die Zwiebel goldbraun braten. Die Mischung abkühlen lassen, dann in die Schüssel zum Joghurtteig geben. Gut verrühren.

4 Etwas Öl in einer Bratpfanne erhitzen. Immer soviel Teig in die Pfanne geben, daß der Boden dünn bedeckt ist. Die Pfannkuchen sollten einen Durchmesser von etwa 15 cm haben. Bei mittlerer Hitze nacheinander etwa 15 Pfannkuchen in je 3–4 Minuten backen. Dabei immer wieder Öl in die Pfanne geben. Fertige Pfannkuchen warm stellen. Die Reispfannkuchen heiß mit Mango Chutney servieren.

5 Für *Indische Kartoffelscheiben* die Kartoffeln waschen und in der Schale etwa 15 Minuten kochen, bis sie gar, aber noch fest sind.

6 Kartoffeln abkühlen lassen, pellen, in Scheiben schneiden. Inzwischen Kreuzkümmel, Chilipulver und Garam Masala in einer kleinen Schüssel vermischen.

7 Kartoffelscheiben in eine Schüssel geben und mit Salz und der Gewürzmischung bestreuen. Mit Zitronensaft beträufeln. Kurz umrühren und servieren.

Gelingt leicht • Würzig

Zutaten für jeweils 4–6 Personen:

Für Reispfannkuchen

2 Eßl. Joghurt
1 Teel. Salz
250 g Reismehl
250 g Weizenmehl
1 kleine Zwiebel
1 grüne Paprikaschote
2 Teel. Butterschmalz
1/4 Teel. Senfkörner
10 Eßl. neutrales Pflanzenöl
Mango Chutney (Fertigprodukt, aus dem Asienladen)

Für Indische Kartoffelscheiben

8 kleine Kartoffeln, festkochend
1 Teel. Kreuzkümmel (Cumin), gemahlen
1/2 Teel. Chilipulver
1/2 Teel. Garam Masala (indische Gewürzmischung, aus dem Asienladen)
1/2 Teel. Salz
Zitronensaft

Zubereitungszeit:

Für Reispfannkuchen etwa 50 Minuten (plus 12 Stunden Ruhezeit)
Für Indische Kartoffelscheiben etwa 40 Minuten

1 Für *Marmorierte Eier* die Eier in etwa 10 Minuten hartkochen, dann sofort etwa 5 Minuten in kaltem Wasser abkühlen lassen.

2 Die Eier vorsichtig auf einer harten Oberfläche hin- und herrollen, bis die Schale überall Sprünge hat, aber nicht abplatzt. Einen Topf mit 1 l Wasser füllen, die Eier hineinlegen. Teeblätter, Sternanis, Zimtstange, Salz, Sojasauce sowie Chinagewürz dazugeben.

3 Das Wasser zum Kochen bringen, dann bei schwacher Hitze etwa 40 Minuten köcheln lassen.

4 Den Topf vom Herd nehmen, Eier im Sud abkühlen lassen. Dann möglichst über Nacht im Sud in den Kühlschrank stellen und ziehen lassen. Vor dem Servieren die Flüssigkeit abgießen, die Eier schälen und in Viertel schneiden.

5 Für *Schmetterlings-Garnelen* die Garnelen schälen, die Köpfe entfernen, die Schwänze daran lassen. Mit einem scharfen Messer jeweils einen Schlitz in den Rücken der Garnelen schneiden, ohne sie jedoch dabei durchzutrennen.

6 Knoblauch häuten und fein hacken. Reiswein oder Sherry, Sojasauce, Knoblauch, Salz, Zucker und Ingwer in einer Schüssel mischen und die Garnelen in dieser Mischung etwa 15 Minuten marinieren.

7 Das Ei in einer Schüssel verquirlen. Garnelen in Maisstärke wenden, durch das verquirlte Ei ziehen und dann in Paniermehl wenden.

8 Öl in einem Wok oder einer Bratpfanne erhitzen. Die Garnelen darin bei mittlerer Hitze in 2–3 Minuten goldbraun backen. Auf Küchenpapier abtropfen lassen und heiß mit Chilisauce servieren.

Gelingt leicht • Raffiniert

Zutaten für jeweils
4–6 Personen:

Für Marmorierte Eier
6 Eier
2 Teel. grüne Teeblätter
1 Sternanis
1/2 Zimtstange (etwa 4 cm)
1 Teel. Salz
1 Teel. dunkle Sojasauce
1 Teel. Chinagewürz

Für Schmetterlings-Garnelen
12 rohe, ungeschälte Riesengarnelen
1 Knoblauchzehe
1 Teel. Reiswein oder trockener Sherry
2 Teel. helle Sojasauce
Salz
1/4 Teel. Zucker
1/2 Teel. Ingwer, gerieben
1 Ei
150 g Maisstärke
100 g Paniermehl
1/2 l neutrales Pflanzenöl

Zum Servieren: Chilisauce (aus dem Glas)

Zubereitungszeit:
Für Marmorierte Eier etwa 20 Minuten (plus 12 Stunden Marinierzeit)
Für Schmetterlings-Garnelen etwa 40 Minuten

1 Für *Gin and Tonic* 1 Eiswürfel in ein Longdrinkglas geben, Gin darüber gießen und mit Tonic Water auffüllen.

2 Mit der Limettenscheibe garnieren.

3 Für *Singapore Sling* die Limette auspressen und den Saft in einen Barshaker gießen.

4 Gin, Cherry Brandy, Grenadinesirup und 3 Eiswürfel in den Barshaker geben und etwa 30 Sekunden lang kräftig schütteln.

5 Die restlichen Eiswürfel in ein Cocktailglas geben und den Inhalt des Shakers durch ein Barsieb darübergießen. Mit Sodawasser auffüllen. Mit der Cocktailkirsche und der Limettenscheibe garnieren und mit einem Strohhalm servieren.

6 Für *Bombay Cocktail* Weinbrand, Dry Vermouth, Vermouth Rosso und 3 Eiswürfel in einen Barshaker geben.

7 Je 1 Tropfen Pernod und Blue Curaçao in den Shaker geben und etwa 30 Sekunden lang kräftig schütteln.

8 Die restlichen Eiswürfel in ein Whiskeyglas geben und den Inhalt des Shakers durch ein Barsieb darüber gießen.

Der »Singapore Sling« wurde übrigens im weltberühmten Raffles Hotel in Singapur kreiert. Von der dortigen Bar, einer der schönsten der Welt, sagte der berühmte englische Schriftsteller W. Somerset Maugham, man müßte nur lange genug am Tresen lehnen, um früher oder später »jeden Weißen östlich von Suez zu treffen«.

Gelingt leicht

Zutaten für jeweils 1 Drink:

***Gin and Tonic** (rechts)*
3 Eiswürfel
4 cl Gin
Tonic Water
1 Limettenscheibe (Schale unbehandelt)

***Singapore Sling** (links)*
1/2 Limette
4 cl Gin
2 cl Cherry Brandy
1 Teel. Grenadinesirup
6 Eiswürfel
Sodawasser oder Sprudel
1 Cocktailkirsche
1 Limettenscheibe (Schale unbehandelt)

***Bombay Cocktail** (Mitte)*
4 cl Weinbrand
2 cl Dry Vermouth
2 cl Vermouth Rosso
6 Eiswürfel
Pernod
Blue Curaçao

1 Für *Oriental* die Limette auspressen und den Saft in einen Barshaker gießen.

2 Whiskey, süßen Vermouth, Curaçao Triple Sec und Eiswürfel in den Shaker geben und etwa 30 Sekunden lang kräftig schütteln.

3 Inhalt des Shakers durch ein Barsieb in ein Weinglas gießen und mit der Limettenscheibe garnieren.

4 Für *Gin Sangaree* den Puderzucker und 1 Teelöffel kaltes Wasser in ein hohes Glas geben. So lange umrühren, bis sich der Puderzucker ganz aufgelöst hat.

5 Gin und Eiswürfel ins Glas geben und mit Sodawasser auffüllen.

6 Den Portwein vorsichtig von einem Teelöffel auf die Oberfläche des Drinks tropfen lassen. Mit Muskat bestreuen.

7 Für *Stinger* den Weinbrand, Crème de Menthe und Eiswürfel in einen Barshaker geben und etwa 30 Sekunden lang kräftig schütteln.

8 Ein Weinglas kurz ins Tiefkühlfach stellen (siehe Seite 8). Herausnehmen und den Inhalt des Shakers durch ein Barsieb ins gefrostete Glas gießen.

Gelingt leicht

Zutaten für jeweils 1 Drink:

Für Oriental *(rechts)*
1/2 Limette
4 cl Bourbon Whiskey
2 cl süßer Vermouth
2 cl Curaçao Triple Sec
3 Eiswürfel
1 Limettenscheibe (Schale unbehandelt)

Für Gin Sangaree *(Mitte)*
1/2 Teel. Puderzucker
4 cl Gin
3 Eiswürfel
Sodawasser oder Sprudel
1 Teel. Portwein
Muskatnuß, frisch gerieben

Für Stinger *(links)*
4 cl Weinbrand
2 cl weiße Crème de Menthe
3 Eiswürfel

Info

Scotch Whisky ist, wie der Name schon sagt, schottischer Herkunft. Er wird aus Gerste gewonnen und hat einen rauchigen Geschmack. Der Bourbon Whiskey dagegen wird aus Mais hergestellt. Der »Amerikaner« ist milder im Geschmack als der Scotch Whisky.

1 Für *Rob Roy* den Whisky, Vermouth Rosso, Angostura Bitter und Eiswürfel in einem Rührglas oder Barshaker etwa 30 Sekunden lang langsam rühren.

2 Durch ein Barsieb in ein kleines Weinglas gießen und mit der Cocktailkirsche garnieren.

3 Für *Claridge* den Gin, Dry Vermouth, Cointreau, Apricot Brandy und Eiswürfel in einen Barshaker geben. Den Shaker etwa 30 Sekunden lang kräftig schütteln.

4 Den Inhalt des Shakers durch ein Barsieb in ein Weinglas gießen und mit der Zitronenscheibe garnieren.

5 Für *East India* die Orange auspressen und den Saft in einen Barshaker gießen.

6 Weinbrand, Curaçao Orange und Eiswürfel in den Shaker geben und etwa 30 Sekunden lang kräftig schütteln.

7 Den Inhalt des Shakers durch ein Barsieb in ein Weinglas gießen und mit der Cocktailkirsche garnieren.

Raffiniert

Zutaten für jeweils 1 Drink:

Für Rob Roy *(Mitte)*
4 cl Scotch Whisky
2 cl Vermouth Rosso
2 Tropfen Angostura-Bitter (Feinkosthandel)
3 Eiswürfel
1 Cocktailkirsche

Für Claridge *(rechts)*
4 cl Gin
4 cl Dry Vermouth
2 cl Cointreau
2 cl Apricot Brandy
3 Eiswürfel
1 Zitronenscheibe (Schale unbehandelt)

Für East India *(links)*
$1/2$ Orange
6 cl Weinbrand
2 cl Curaçao Orange
3 Eiswürfel
1 Cocktailkirsche

Smørgåsbord

An Bord der Postschiffe auf dem Weg zum Nordkap, der Ausflugsdampfer in der Bucht von Oslo oder der Fähre von Stockholm nach Helsinki wird den Gästen kräftig eingeheizt. Das ist im Land des Nordlichts zum einen schon deshalb nötig, weil es am Polarkreis auch im Sommer empfindlich kühl wird, zum anderen aber ist es so Sitte: Zum eisgekühlten Linie-Aquavit reichen die Stewards Häppchen mit Hering in mehr Variationen, als sich der normale Mitteleuropäer überhaupt vorstellen kann. Und wenn dann draußen in den Wolken über den Wellen des Nordmeers der sanfte Schein der Aurea borealis schimmert, muß man die Augen nur ein ganz kleines bißchen zukneifen, um sich vorzustellen, daß man mit guten Kameraden im Wikingerschiff sitzt, unterwegs zu neuen Taten im Land des ewigen Eises.

1 Für *Scharf eingelegte Krabben* das Bier 2–3 Stunden in einem Glas offen stehen lassen, bis kein Schaum mehr da ist.

2 Sellerie abbrausen, trockentupfen und grob würfeln. Die gepulten Krabben in einen Topf geben. Das Bier dazugießen und mit Pfefferkörnern, Salz, Lorbeerblatt, Cayennepfeffer und Sellerie würzen. Etwa 15 Minuten zugedeckt bei mittlerer Hitze kochen lassen.

3 Die Krabben im Sud abkühlen lassen und etwa 1 Stunde zugedeckt in den Kühlschrank stellen.

4 Die Flüssigkeit von den Krabben abgießen. Die Krabben nach Belieben auf Artischockenblättern oder auf knackigen Eissalatblättern anrichten.

5 Für *Lachsmayonnaise* den Lachs mit Salz und Pfeffer würzen. Butter in einer Bratpfanne erhitzen und den Lachs bei schwacher Hitze darin 6–7 Minuten anbraten, dabei einmal wenden.

6 Den Lachs abkühlen lassen und kleinhacken. Lachs, Crème fraîche und Mayonnaise in eine Schüssel geben und gut vermischen.

7 Die Mischung mit Salz, Pfeffer und Zitronensaft abschmecken. Mit Crackern oder Toast servieren.

Tip

Beim echten Smørgåsbord, dem schwedischen Buffet, werden in Schweden Knäckebrot (von dem es dort gut 20 Sorten gibt) und Butter oder Butterkartoffeln zu den Häppchen serviert.

Raffiniert • Gut vorzubereiten

Zutaten für jeweils 4–6 Personen:

Für Scharf eingelegte Krabben
1/2 l Bier
1 Stange Bleichsellerie
500 g Nordsee-Krabben, gepult (ersatzweise 800 g geschälte Shrimps)
1 Eßl. Pfefferkörner
Salz
1 Lorbeerblatt
2–3 Messerspitze Cayennepfeffer

Zum Servieren:
Artischocken- oder Eissalatblätter

Für Lachsmayonnaise
200 g frisches rohes Lachsfilet
Salz
schwarzer Pfeffer, frisch gemahlen
1 Teel. Butter
5 Eßl. Crème fraîche
5 Eßl. Mayonnaise
Zitronensaft

Zubereitungszeit:
Für Scharf eingelegte Krabben etwa 30 Minuten (plus 3 Stunden Ruhe- und 1 Stunde Kühlzeit)
Für Lachsmayonnaise etwa 20 Minuten

Erfrischendes mit Fisch

Die Skandinavier kennen Hunderte von Heringsrezepten, eines köstlicher als das andere. Vielleicht probieren Sie einmal »Glasbläser-Hering«. Dazu 3 Salzheringe etwa 12 Stunden wässern, dann herausnehmen, häuten, entgräten und in etwa 2 cm große Stücke schneiden. 125 g Zucker, 1/8 l Weinessig und 1/4 l Wasser mischen, 4 Gewürznelken und 1 Lorbeerblatt dazugeben, aufkochen und dann abkühlen lassen. 1 Möhre, 1/2 Lauchstange und 1 Zwiebel in Stücke schneiden und zusammen mit den Heringsstücken in ein Einmachglas geben. Die Marinade darübergießen, das Glas verschließen und den Fisch 5–6 Tage im Kühlschrank ziehen lassen.

1 Für *Matjessalat mit Aquavit* die Matjesfilets kalt abspülen und mit Küchenpapier trockentupfen. Die Filets in etwa 1 cm große Würfel schneiden und in eine Schüssel geben.

2 Zwiebel schälen. Salzgurke, rote Beten und Zwiebel grob würfeln und zum Fisch in die Schüssel geben. Aquavit dazugießen und alles gut vermischen.

3 Die Mischung mit Pfeffer und 1 Prise Zucker abschmecken. Mit Salzgurkenscheiben garnieren und am besten kalt servieren.

4 Für *Schwedischer Gurkensalat* die Gurke schälen, in hauchdünne Scheiben schneiden und in ein Sieb geben.

5 Gurke mit Salz bestreuen und etwa 15 Minuten stehen und Wasser ziehen lassen. Die Gurkenscheiben mit der Hand gut ausdrücken.

6 Gurkenscheiben in eine Schüssel geben. Knoblauch häuten und durch die Knoblauchpresse dazudrücken. Joghurt und Kümmel dazugeben und alles gut vermischen. Mit Pfeffer bestreuen. Den Gurkensalat kühl servieren.

Gut vorzubereiten

Zutaten für jeweils 6–8 Personen:

Für Matjessalat mit Aquavit

4 mildgesalzene Matjesfilets
1 kleine Zwiebel
1 Salzgurke (etwa 30 g)
50 g rote Bete (aus dem Glas)
2 Eßl. Aquavit
schwarzer Pfeffer, frisch gemahlen
Zucker
Salzgurkenscheiben zum Garnieren

Für Schwedischer Gurkensalat

1 große Salatgurke (etwa 600 g)
1 Eßl. Salz
1 Knoblauchzehe
400 g Vollmilchjoghurt, ohne Molke
1/2 Teel. Kümmel, gemahlen
schwarzer Pfeffer, frisch gemahlen

Zubereitungszeit:

Für Matjessalat mit Aquavit etwa 20 Minuten
Für Schwedischer Gurkensalat etwa 30 Minuten

1 Für *Schwedische Hackbällchen* Zwiebel schälen und fein hacken. Fleisch mit dem Paniermehl, Sahne, Ei, Zwiebel und Zitronenschale in eine Schüssel geben. Mit Salz und Pfeffer würzen und verkneten.

2 Mit feuchten Händen aus der Fleischmasse eine Rolle formen, in 18 Portionen teilen und Bällchen von der Größe eines Tischtennisballs formen. Öl in einer Bratpfanne erhitzen. Die Bällchen darin bei mittlerer Hitze unter Wenden goldbraun anbraten. Dann die Fleischbällchen in der Pfanne zugedeckt bei schwacher Hitze etwa 10 Minuten garen. Warm oder kalt servieren.

3 Für *Piroggen mit Hackfleischfüllung* den Quark gut abtropfen lassen, mit Butter, Salz und Mehl in einer Schüssel zu einem geschmeidigen Teig verkneten. Den Teig zu einer Kugel formen und etwa 40 Minuten zugedeckt in den Kühlschrank stellen.

4 Schalotte schälen, Knoblauch häuten, beides fein hacken. In einer Pfanne Öl erhitzen, Schalotte und Knoblauch darin dünsten. Fleisch dazugeben und etwa 10 Minuten bei starker Hitze braten. Die Pfanne beiseite stellen, das Fleisch etwa 15 Minuten abkühlen lassen.

5 Die Champignons putzen. Das Ei pellen. Pilze und Ei fein hacken und unter das Hackfleisch mischen. Mit Salz und Pfeffer würzen. Den Dill untermengen.

6 Backofen auf 200° (Umluft 180°) vorheizen. Teig aus dem Kühlschrank nehmen, zu einer Rolle formen und in 18–20 Scheiben schneiden. Zu Kugeln formen und auf einer bemehlten Arbeitsfläche so dünn wie möglich zu runden Fladen ausrollen.

7 Jeweils in die Mitte 1 Eßlöffel der Hackfleischmischung geben. Das Eigelb mit Milch verquirlen und damit die Ränder der Fladen bestreichen. Die Fladen einmal zusammenklappen und die Ränder mit den Zinken einer Gabel fest zusammendrücken.

8 Ein Backblech einfetten. Die Täschchen darauf anordnen und im Backofen (Mitte) etwa 20 Minuten backen. Die Piroggen heiß servieren.

Etwas aufwendiger

Zutaten für jeweils
4 – 6 Personen:

Für Schwedische Hackbällchen
1 mittelgroße Zwiebel
500 g gemischtes Hackfleisch
50 g Paniermehl
100 g Sahne, 1 Ei
abgeriebene Schale von 1/2 Zitrone (Schale unbehandelt)
Salz, schwarzer Pfeffer, frisch gemahlen
2 Eßl. neutrales Pflanzenöl

Für Piroggen mit Hackfleischfüllung
150 g Magerquark
150 g kalte Butter, Salz
200 g Roggenmehl
50 g Weizenmehl
1 Schalotte
1 Knoblauchzehe
2 Eßl. neutrales Pflanzenöl
150 g Rinderhackfleisch
50 g Champignons
1 hartgekochtes Ei
schwarzer Pfeffer, frisch gemahlen
1 Eßl. Dillspitzen, fein gehackt
Mehl für die Arbeitsfläche
1 Eigelb, 3 Eßl. Milch
Butter für das Blech

Zubereitungszeit:
Für Hackbällchen etwa 20 Minuten
Für Piroggen etwa 2 Stunden

1 Für *Aurea borealis* die Zitrone auspressen und den Saft beiseite stellen.

2 Eiswürfel zerstoßen (siehe Seite 9) und den Eisschnee in ein kleines Weinglas füllen.

3 Wodka, Kirschlikör und Zitronensaft in das Glas mit dem zerstoßenen Eis gießen und kurz umrühren.

4 Die Cocktailkirschen auf den Holzspieß aufspießen und den Drink damit garnieren.

5 Für *North Pole Cocktail* das Ei trennen (siehe Seite 9). Das Eigelb anderweitig verwenden. Das Eiweiß in einen Barshaker geben.

6 Zitrone auspressen und den Saft in den Barshaker gießen. Gin, Kirschlikör und Eiswürfel dazugeben und das Ganze etwa 30 Sekunden lang kräftig schütteln.

7 Den Inhalt des Shakers durch ein Barsieb in ein Weinglas geben. Die Oberfläche des Drinks mit Schlagsahne bedecken.

8 Für *Northern Summer* die Orangen und die Zitrone auspressen und die Säfte in einen Barshaker gießen. Wodka, Maracujasirup, 2–3 Tropfen Grenadinesirup und 3 Eiswürfel in den Shaker geben und etwa 30 Sekunden lang kräftig schütteln.

9 Die restlichen Eiswürfel in ein hohes Glas geben. Den Inhalt des Shakers durch ein Barsieb darüber gießen. Zitronenscheibe und Cocktailkirsche auf den Zahnstocher aufspießen und den Drink damit garnieren. Mit einem Strohhalm servieren.

Wichtiger Hinweis

Bitte verwenden Sie nur ganz frische Eier von freilaufenden Hühnern, um das Salmonellenrisiko zu verringern.

Etwas aufwendiger

Zutaten für jeweils 1 Drink:

***Für Aurea borealis** (rechts)*
1/2 Zitrone
3 Eiswürfel
2 cl Wodka
2 cl Kirschlikör
2 Cocktailkirschen

Außerdem:
1 Holzspieß

***Für North Pole Cocktail** (Mitte)*
1 Ei
1/2 Zitrone
4 cl Gin
2 cl Kirschlikör
3 Eiswürfel
Schlagsahne

***Für Northern Summer** (links)*
2 Orangen
1/2 Zitrone
4 cl Wodka
2 cl Maracujasirup
Grenadinesirup
6 Eiswürfel
1 Zitronenscheibe (Schale unbehandelt)
1 Cocktailkirsche

Außerdem:
1 Zahnstocher

1 Für *Goldwasser Royal* das Zitronensorbet mit einem Kugelausstecher zur Kugel formen und in einen Sektkelch geben. Falls Sie keinen Kugelausstecher haben, formen Sie das Zitronensorbet mit zwei Eßlöffeln zu einer Kugel.

2 Das Goldwasser langsam über das Eis gießen, damit es an allen Seiten des Sorbets herunterrinnt.

3 Das Glas mit eiskaltem Sekt auffüllen. Die Blattgoldstückchen des Danziger Goldwassers wirbeln nun im Glas umher und erzeugen ein einzigartiges Feuerwerk an Lichteffekten.

4 Für *Silver Bullet* die Zitrone auspressen und den Saft in einen Barshaker geben.

5 Gin, Aquavit und Eiswürfel in den Barshaker geben und etwa 30 Sekunden lang kräftig schütteln.

6 Den Inhalt des Shakers durch ein Barsieb in ein Weinglas gießen. Mit der Zitronenscheibe garnieren.

7 Für *Wodka Salty Dog* die Grapefruit auspressen und den Inhalt in ein Mixglas oder einen Barshaker geben.

8 Wodka und Salz dazugeben und kurz umrühren.

9 Eiswürfel in ein hohes Glas geben und den Inhalt des Mixglases oder Shakers durch ein Barsieb darüber gießen. Mit der Zitronenscheibe garnieren und mit einem Strohhalm servieren.

Info

Das, was da glitzernd im »echt Danziger Goldwasser« herumschwimmt, ist übrigens echtes Gold – allerdings so hauchfein ausgewalzt, daß man beim Trinken nichts davon bemerkt. Das Gold wird nicht verdaut, sondern unverändert ausgeschieden.

Gelingt leicht

Zutaten für jeweils 1 Drink:

***Für Goldwasser Royal** (rechts)*
1 Kugel Zitronensorbet
2 cl Danziger Goldwasser (Feinkosthandel)
eiskalter Sekt

***Für Silver Bullet** (links)*
1/2 Zitrone
2 cl Gin
2 cl Aquavit
3 Eiswürfel
1 Zitronenscheibe (Schale unbehandelt)

***Für Wodka Salty Dog** (Mitte)*
1 Grapefruit
4 cl Wodka
1/4 Teel. Salz
3 Eiswürfel
1 Zitronenscheibe (Schale unbehandelt)

1 Für *Black Russian* den Wodka, Kahlua und Eiswürfel in ein Whiskeyglas geben und kurz umrühren.

2 Für *Snowbird* 3 Eiswürfel zerstoßen (siehe Seite 9) und den Eisschnee in ein Sektglas füllen.

3 Ananassaft, Cream of Coconut und die restlichen Eiswürfel in einen Barshaker geben und etwa 30 Sekunden lang kräftig schütteln.

4 Den Inhalt des Shakers durch ein Barsieb in ein Sektglas gießen und mit Sekt auffüllen. Mit Schokoraspeln bestreuen und mit einem Strohhalm servieren.

5 Für *White Lady* das Ei trennen (siehe Seite 9). Das Eigelb anderweitig verwenden. Die Hälfte des Eiweißes in einen Barshaker geben.

6 Die Zitrone auspressen und den Saft in den Shaker gießen. Gin, Curaçao Triple Sec und Eiswürfel dazugeben und das Ganze etwa 30 Sekunden lang kräftig schütteln.

7 Den Inhalt des Shakers durch ein Barsieb in ein kleines Weinglas oder eine Cocktailschale gießen und mit der Zitronenscheibe garnieren.

Wichtiger Hinweis

Bitte verwenden Sie nur ganz frische Eier von freilaufenden Hühnern, um das Salmonellenrisiko zu verringern.

Einfach, aber raffiniert

Zutaten für jeweils 1 Drink:

Für Black Russian *(links)*
4 cl Wodka
2 cl Kahlua (Kaffeelikör; Feinkosthandel)
3 Eiswürfel

Für Snowbird *(rechts)*
6 Eiswürfel
4 cl Ananassaft
2 Eßl. Cream of Coconut
eiskalter Sekt
Schokoraspel

Für White Lady *(Mitte)*
1 Ei
1/2 Zitrone
6 cl Gin
1 cl Curaçao Triple Sec
3 Eiswürfel
1 Zitronenscheibe (Schale unbehandelt)

Bar-b-que

Das traditionelle Bar-b-que geht auf die Cowboys zurück. Sie versammelten sich am Abend, wenn das letzte Langhornrind sein Brandzeichen bekommen hatte und das letzte verirrte Kalb mit dem Lasso eingefangen war, ums Lagerfeuer und erholten sich von den Mühen des Tages, während die saftigen Steaks über den Kohlen brutzelten. Dieser Brauch lebt heute in Amerika weiter, wenn auf den Terrassen und in den Gärten die Holzkohlengrills angeworfen werden und man sich mit guten Freunden darum versammelt, um den Tag langsam und genüßlich ausklingen zu lassen. Der Hausherr zieht seine weiße Schürze an und macht sich über das Fleisch her, während die Hausherrin eiskalte Drinks serviert. Und damit das Warten nicht zu lang wird, zaubert der Grillmeister kleine Snacks, die Appetit machen sollen auf das, was da an Köstlichem noch kommen soll. Ja, der Wilde Westen lebt!

1 Für *Cocktail Ribs* (gegrillte Rippchen) den Holzkohlengrill rechtzeitig anheizen. Die Rippchen mit Salz und Pfeffer würzen.

2 Den Knoblauch häuten und durch die Knoblauchpresse drücken. Ketchup, Honig, Ingwer, Knoblauch, Sojasauce und Sherry in einer kleinen Schüssel zu einer Barbecue-Sauce vermischen.

3 Die Spareribs dünn mit etwas von der vorbereiteten Sauce bestreichen.

4 Die Spareribs in recht großem Abstand zur Kohle auf den Grill legen (so daß sie bei schwacher bis mittlerer Hitze garen). Die Rippchen 45–60 Minuten (je nach Dicke) unter gelegentlichem Wenden grillen. Dabei immer wieder mit der Sauce bestreichen.

5 Für *Vegetable Dip* Möhren und Gurke schälen, Sellerie und Frühlingszwiebeln waschen und putzen. Paprika längs halbieren, Kerne, Trennwände und Stielansatz entfernen.

6 Das vorbereitete Gemüse in 10–15 cm lange und etwa 1 cm breite Streifen schneiden und in hohen Gläsern oder einer Schüssel anrichten.

7 Das Ei pellen, fein hacken und in eine Schüssel geben. Knoblauch häuten und durch die Knoblauchpresse dazudrücken. Zwiebel schälen, fein hacken und dazugeben. Mayonnaise, Zitronensaft und Estragon hinzufügen und gut vermischen. Sahne unterrühren.

8 Den fertigen Dip in einer kleinen Schüssel anrichten und mit den rohen Gemüsestreifen servieren.

Variante

Die Spareribs können natürlich auch im Backofen zuberereitet werden. Dazu die Rippchen nebeneinander mit der Fleischseite nach oben auf ein Backblech legen und offen im auf 200° vorgeheizten Backofen (Mitte, Umluft 180°) 45–60 Minuten (je nach Dicke) braten. Zwischendurch mehrmals wenden und mit der Sauce bestreichen. Falls der Bratenfond zu dunkel wird, etwas Wasser auf das Blech gießen.

Gelingt leicht

Zutaten für jeweils
6–8 Personen:

Für Cocktail Ribs
1,2 kg kurze Spareribs (Schweinerippchen), in Stücke zerteilt
Salz, schwarzer Pfeffer, frisch gemahlen
2 Knoblauchzehen
3 Eßl. Tomatenketchup
4 Eßl. Honig
1 Eßl. frischer Ingwer, gerieben
5 Eßl. dunkle Sojasauce
2 Eßl. trockener Sherry

Für Vegetable Dip
200 g Möhren
1 kleine Salatgurke
1 kleiner Staudensellerie
1 Bund Frühlingszwiebeln
1 große rote Paprikaschote
1 hartgekochtes Ei
1 Knoblauchzehe
1 Zwiebel
100 g Mayonnaise
2–4 Eßl. Zitronensaft
1/4 Teel. getrockneter Estragon
50 g Sahne

Zubereitungszeit:
Für Spareribs etwa
1 1/2 Stunden
Für Vegetable Dip etwa
15 Minuten

1 Für *Cowboy Quiche* die Jalapeños-Schoten abtropfen lassen, längs aufschneiden und entkernen.

2 Backofen auf 200° vorheizen. Eine runde Backform mit Butter einfetten. Die Jalapeños-Schoten fein hacken und auf dem Boden der Form verteilen.

3 Käse reiben und über den Schoten verteilen. Eier in einer kleinen Schüssel verquirlen und in die Form gießen.

4 Die Mischung im Backofen (Mitte, Umluft 180°) backen, bis sie gestockt ist. Die Cowboy Quiche in Stücke schneiden und heiß servieren.

5 Für *Blue-Cheese-Aufstrich* Roquefort, Frischkäse und Butter in einer Schüssel mit der Gabel gut vermischen.

6 Ein paar Tropfen Worcestershire Sauce, Salz und Pfeffer dazugeben und verrühren. Mit Crackern servieren.

7 Für *Ranch House Pecans* den Backofen auf 150° vorheizen. Die Butter in einem kleinen Topf schmelzen lassen und in eine Auflaufform gießen. Worcestershire Sauce, Tabasco, Chilipulver, Curry und Salz dazugeben und alles gut vermischen.

8 Die Pecannüsse dazugeben und gut umrühren, bis alle Nüsse von der Gewürzmischung überzogen sind. Die Nüsse im Ofen (Mitte, Umluft 140°) offen etwa 30 Minuten garen. Abkühlen lassen und servieren.

Tip

Im Originalrezept werden 200 g Jalapeños-Schoten für die Cowboy Quiche verwendet. Wenn Sie gerne sehr scharf essen – und Ihre Freunde hoffentlich auch – dann versuchen Sie es ruhig mit der Originalversion!

Gelingt leicht

Zutaten für jeweils 4–6 Personen:

Für Cowboy Quiche

50–100 g Jalapeños-Schoten (aus der Dose, ersatzweise scharfe Peperoni)
300 g Cheddarkäse
6 Eier
Butter für die Form

Für Blue-Cheese-Aufstrich

100 g Roquefortkäse (ersatzweise Gorgonzola, Bavaria Blue)
50 g Doppelrahm-Frischkäse
2 Eßl. weiche Butter
Worcestershire Sauce, Salz
schwarzer Pfeffer, frisch gemahlen

Für Ranch House Pecans

2 Eßl. Butter
2 Eßl. Worcestershire Sauce
1/4 Teel. Tabasco
1 Teel. Chilipulver
1/2 Teel. Currypulver, Salz
200 g Pecannüsse

Zubereitungszeit:

Für Cowboy Quiche etwa 1 Stunde
Für Blue-Cheese-Aufstrich etwa 10 Minuten
Für Ranch House Pecans etwa 45 Minuten (plus 3 Stunden Kühlzeit)

1 Für *Hot Buttered Popcorn* Öl in einen schweren Topf geben und bei starker Hitze heiß werden lassen.

2 Das Popcorn in den Topf geben und so auf dem Topfboden verteilen, daß er mit einer einzigen Lage Körner bedeckt ist.

3 Den Topf mit einem schweren Deckel verschließen. Den Topf alle 10–15 Sekunden kräftig hin- und herschütteln.

4 Sobald die Körner zu poppen anfangen, den Topf alle 5–6 Sekunden rütteln. Das ist ganz wichtig, da sonst die unterste Lage verkohlt, während andere Körner gar nicht poppen. Sobald nur noch vereinzelt Geräusche platzender Körner zu hören sind, den Topf vom Herd nehmen und das Popcorn in eine große Schüssel schütten.

5 Herdplatte ausschalten. Den Topf wieder auf die Herdplatte stellen. Butter hineingeben und schmelzen, aber nicht braun werden lassen! Das Popcorn damit übergießen.

6 Salz über das Popcorn streuen und servieren. Achtung! Am Anfang nicht zu viel Salz nehmen, sondern lieber nachsalzen.

7 Für *Popcorn mit Kräutersalz* Meersalz mit den Kräutern und den Zwiebeln in der Küchenmaschine oder im Blitzhacker zerkleinern, bis die Mischung eine gleichmäßige Konsistenz hat.

8 In einem großen Topf Popcorn wie eben beschrieben zubereiten und in eine große Schüssel geben.

9 Butter im Topf schmelzen, aber nicht braun werden lassen und über das Popcorn gießen.

10 Kräutersalz in ein Salzfaß mit großen Löchern geben und zum frischen Popcorn reichen. Oder direkt über das Popcorn streuen und servieren.

Variante

Popcorn schmeckt auch mit anderen Salz-Kombinationen wie zum Beispiel mit Dillsalz. Dazu 2 Teelöffel getrockneten Dill, 1 Teelöffel getrockneten Schnittlauch und 1 Teelöffel getrocknete Petersilie mit 3 Eßlöffel grobem Meersalz mischen und zerkleinern.

Gelingt leicht • Preiswert

Zutaten für jeweils 4–6 Personen:

Für Hot Buttered Popcorn

3–4 Eßl. neutrales Pflanzenöl
4 Eßl. Popcorn-Mais
1–2 Eßl. Butter
Salz

Für Popcorn mit Kräutersalz

3 Eßl. grobes Meersalz
1 Teel. getrocknetes Basilikum
1 Teel. getrockneter Majoran
1/2 Teel. getrockneter Thymian
1/2 Teel. getrocknete geröstete Zwiebeln
4 Eßl. neutrales Pflanzenöl
4 Eßl. Popcorn-Mais
1–2 Eßl. Butter

Zubereitungszeit:

Für Hot Buttered Popcorn etwa 5 Minuten
Für Popcorn mit Kräutersalz etwa 10 Minuten

1 Für *Dry Martini* Eiswürfel in ein Rührglas oder in den Unterteil eines Barshakers geben und den Vermouth darüber gießen.

2 Den Vermouth wieder wegschütten. Den Gin zu den Eiswürfeln geben und kürz umrühren. Den Inhalt des Shakers durch ein Barsieb in ein gefrostetes Cocktailglas (siehe Seite 8) geben.

3 Die Olive auf den Zahnstocher spießen und ins Glas legen.

4 Für *Manhattan* die Eiswürfel in ein Rührglas oder in den Unterteil eines Barshakers geben.

5 Den Bourbon Whiskey, den Dry Vermouth und 1 Spritzer Angostura-Bitter dazugeben und gut umrühren.

6 Den Inhalt des Rührglases durch ein Barsieb in ein Whiskeyglas gießen. Mit der Cocktailkirsche garnieren.

7 Für *Screwdriver* die Orangen auspressen und den Saft in ein schweres Whiskeyglas gießen.

8 Wodka und Eiswürfel dazugeben und kurz umrühren.

9 Die Orangenscheibe ins Glas legen und mit einem Strohhalm servieren.

Der Dry Martini ist in der angelsächsischen Welt der Inbegriff des Mondänen. James Bond verlangt ihn stets »gerührt, nicht geschüttelt«. Und von Winston Churchill stammt der Tip: »Um einen wirklich trockenen Martini zu mixen, darf man die Vermouthflasche nur anschauen, aber niemals anrühren!« Mag sein, aber der sanfte Geschmack des Vermouth gehört für die meisten doch dazu – aber eben nur ein »Hauch« davon!

Nur gerührt • Gelingt leicht

Zutaten für jeweils 1 Drink:

Für Dry Martini *(links)*
3 Eiswürfel
2 cl Dry Vermouth
6 cl Gin
1 grüne Olive

Außerdem:
1 Zahnstocher

Für Manhattan *(rechts)*
3 Eiswürfel
4 cl Bourbon Whiskey
2 cl Dry Vermouth
Angostura-Bitter
(Feinkosthandel)
Cocktailkirsche

Für Screwdriver *(Mitte)*
2 Orangen
4 cl Wodka
3 Eiswürfel
1 Orangenscheibe (Schale unbehandelt)

1 Für *Old Fashioned* den Zuckerwürfel mit 2 Spritzer Angostura-Bitter tränken, in ein schweres Whiskeyglas legen und mit einem Löffel zerdrücken.

2 Sodawasser ins Glas gießen und so lange rühren, bis sich der Zucker ganz aufgelöst hat.

3 Eiswürfel und Bourbon Whiskey dazugeben und vorsichtig umrühren. Mit der Orangen- und der Zitronenscheibe sowie der Cocktailkirsche garnieren.

4 Für *Whiskey Sour* den Whiskey, Zitronensaft, Puderzucker und die Eiswürfel in einen Barshaker geben und etwa 30 Sekunden lang kräftig schütteln.

5 Den Inhalt des Shakers durch ein Barsieb in ein Weinglas gießen. Mit der Cocktailkirsche garnieren.

6 Für *Mint Julep* einen Silberbecher oder ein hohes Glas etwa 10 Minuten vor dem Servieren ins Tiefkühlfach legen (siehe Seite 8).

7 In ein Rührglas oder in den Unterteil eines Barshakers die Minzeblätter geben und mit dem Stiel eines Holzlöffels vorsichtig zerdrücken, damit sich die Aromastoffe lösen.

8 Den Puderzucker in ein paar Tropfen kaltem Wasser verrühren und zu den Minzeblättern geben. 3 cl Bourbon Whiskey und 1 Spritzer Angosturo-Bitter dazu gießen, vorsichtig umrühren.

9 Eiswürfel zerstoßen (siehe Seite 9). Den Becher oder das Glas mit dem Eisschnee füllen. Den Inhalt des Rührglases oder Shakers darüber gießen und die restlichen 3 cl Whiskey dazugießen. Kräftig umrühren und zum Schluß ein paar frische Minzeblätter obenauf legen. Mit einem Strohhalm servieren.

Etwas aufwendiger

Zutaten für jeweils 1 Drink:

Für Old Fashioned *(links)*
1 Zuckerwürfel
Angostura-Bitter (Feinkosthandel)
Sodawasser oder Sprudel
3 Eiswürfel
6 cl Bourbon Whiskey
je 1 Orangen- und Zitronenscheibe (Schale unbehandelt)
1 Cocktailkirsche

Für Whiskey Sour *(Mitte)*
4 cl Bourbon Whiskey
2 Eßl. Zitronensaft
1 Teel. Puderzucker
3 Eiswürfel
1 Cocktailkirsche

Für Mint Julep *(rechts)*
10 frische Minzeblätter
1 Teel. Puderzucker
6 cl Bourbon Whiskey
Angostura-Bitter (Feinkosthandel)
6 Eiswürfel
frische Minzeblätter zum Garnieren

1 Für *Alexander* den Weinbrand, Crème de Cacao, Sahne und Eiswürfel in einen Barshaker geben und etwa 30 Sekunden lang kräftig schütteln.

2 Den Inhalt des Shakers durch ein Barsieb in ein gefrostetes Cocktailglas (siehe Seite 8) gießen und zum Schluß mit etwas frisch geriebenem Muskat bestreuen.

3 Für *Los Angeles* die Zitrusfrüchte auspressen und die frischen Säfte zusammen mit dem Maracujasaft, dem Ananassaft und dem Grenadinesirup in einen Barshaker geben.

4 Wodka, Grand Marnier und 3 Eiswürfel dazugeben und etwa 30 Sekunden lang kräftig schütteln.

5 Zucker auf einem flachen Teller verteilen. Den Rand eines hohen Glases mit der ausgequetschten Zitrone abwischen und anschließend so auf dem Teller drehen, daß ein Zuckerrand entsteht.

6 Die restlichen Eiswürfel ins Glas geben und den Inhalt des Shakers durch ein Barsieb hineingießen, ohne den Zuckerrand zu beschädigen.

7 Mit der Orangenspirale garnieren und mit einem Strohhalm servieren.

8 Für *Between the Sheets* den Weinbrand, Rum, Curaçao Triple Sec und Eiswürfel in einen Barshaker geben.

9 Die Zitrone über dem Shaker ausdrücken. Den Shaker etwa 30 Sekunden lang kräftig schütteln.

10 Den Inhalt des Shakers durch ein Barsieb in ein gefrostetes Cocktailglas (siehe Seite 8) gießen. Mit der Zitronenscheibe garnieren.

Tip

Sie können den fruchtigen Drink Los Angeles auch ohne Alkohol zubereiten – dann heißt er eben »San Francisco«.

Raffiniert

Zutaten für jeweils 1 Drink:

***Für Alexander** (Mitte)*
3 cl Weinbrand
3 cl Crème de Cacao
3 cl Sahne
6 Eiswürfel
Muskatnuß, frisch gerieben

***Für Los Angeles** (rechts)*
1 Orange
1 Zitrone
1/2 Grapefruit
2 cl Maracujasaft
2 cl Ananassaft
2 Eßl. Grenadinesirup
4 cl Wodka
2 cl Grand Marnier
6 Eiswürfel
Zucker
1 Spirale aus Orangenschale (Schale unbehandelt)

***Für Between the Sheets** (links)*
2 cl Weinbrand
2 cl brauner Rum
2 cl Curaçao Triple Sec
3 Eiswürfel
1/4 Zitrone
1 Zitronenscheibe (Schale unbehandelt)

Après-Ski

Wenn die Skifahrer nach einem herrlichen Tag auf den Pisten in eine der kleinen verrauchten Almhütten einkehren, freuen sie sich auf dampfenden Jagatee oder Glühwein nach altem Rezept. Natürlich gehören auch ein paar üppige Köstlichkeiten wie Dampfnudeln, Schmalzgebackenes oder Tiroler Speck dazu, die in gemütlicher Runde ganz besonders gut schmecken. Diese stimmungsvollen Stunden sind der schönste Ausklang nach einem Tag voller Sonne, Schnee und Skivergnügen – und die beste Gelegenheit, Pläne zu schmieden für den nächsten Morgen.

1 Für *Ausgezog'ne* die Milch leicht erwärmen. Den Zucker und die Hefe dazugeben und gut verrühren.

2 Das Mehl in eine Schüssel geben. Die Hefemilch dazugießen und mit dem Mehl verrühren. Die Eier, Butter und Salz hinzufügen. Den Teig so lange kneten, bis er Blasen wirft. Danach zu einer Kugel formen. Zugedeckt an einem warmen Ort etwa 1 Stunde gehen lassen.

3 Den Teig auf ein bemehltes Brett geben, in etwa 14 Portionen teilen und diese zu Kugeln formen. Mit einem Tuch bedeckt nochmals etwa 15 Minuten gehen lassen.

4 Das Butterschmalz in einer schweren Pfanne stark erhitzen, bis an einem hineingehaltenen Holzlöffelstiel Bläschen emporsteigen. Die Teigkugeln mit der Hand flach drücken und an den Rändern ausziehen, so daß der Teig in der Mitte hauchdünn wird und die Ränder beim Ausbacken wulstig werden.

5 Die Ausgezog'nen im heißen Fett nacheinander von beiden Seiten goldbraun ausbacken. Mit einem Schaumlöffel herausnehmen, mit Puderzucker bestreuen und heiß servieren.

6 Für *Gebackene Mäuse* Mehl, Grieß, Hefe, Eigelbe, Butter, Zucker, Salz, Milch und Rum in einer Schüssel zu einem weichen Teig vermischen. Teig gut durchkneten und etwa 1 Stunde zugedeckt an einem warmen Ort gehen lassen.

7 In einem hohen Topf das Schmalz stark erhitzen, bis an einem hineingehaltenen Holzlöffelstiel kleine Bläschen emporsteigen. Inzwischen mit bemehlten Händen aus dem Teig gut tischtennisballgroße Kugeln formen.

8 Die Kugeln portionsweise ins heiße Fett geben und in 3–4 Minuten goldbraun ausbacken, dabei einmal wenden. Auf Küchenpapier abtropfen lassen und nach Belieben mit Puderzucker bestäubt heiß servieren.

Braucht etwas Zeit

Zutaten für jeweils 6 Personen:

Für Ausgezog'ne
1/4 l Milch
3 Eßl. Zucker
1 Päckchen Trockenhefe
500 g Mehl
2 Eier
100 g Butter, zerlassen
1/2 Teel. Salz
1 kg Butterschmalz zum Ausbacken
Mehl für das Arbeitsbrett
Puderzucker zum Bestäuben

Für Gebackene Mäuse
250 g Mehl
75 g Grieß
1 Eßl. Trockenhefe
2 Eigelb
30 g weiche Butter
3 Eßl. Zucker
Salz
150 ml Milch
2 cl Rum
250 g Butterschmalz zum Ausbacken
Puderzucker zum Bestäuben nach Belieben

Zubereitungszeit:
Für Ausgezog'ne etwa 1 Stunde (plus 1 1/4 Stunden Ruhezeit)
Für Gebackene Mäuse etwa 15 Minuten (plus 1 Stunde Ruhezeit)

1 Für *Kärntner Dampfnudeln* 4 Eßlöffel Milch erwärmen, mit dem Zucker, der Hefe und 1 Eßlöffel Mehl zu einem Vorteig verrühren. Zugedeckt etwa 15 Minuten gehen lassen.

2 In der Zwischenzeit das restliche Mehl in eine Schüssel sieben. Dann die restliche Milch etwas erwärmen. Den aufgegangenen Vorteig mit der Milch, Butter, Puderzucker, Eigelben und Salz zum Mehl in die Schüssel geben. So lange kneten, bis sich der Teig von der Schüssel löst und kleine Blasen wirft. Den Teig zu einer Kugel formen und zugedeckt an einem warmen Ort etwa 1 Stunde gehen lassen.

3 Den aufgegangenen Teig nochmals durchkneten und zu etwa faustgroßen Kugeln formen. Mit einem Tuch bedeckt nochmals etwa 10 Minuten ruhen lassen. Den Backofen auf 200° vorheizen.

4 Die Fettpfanne in den Backofen schieben und etwa 1 l Wasser hineingießen. Eine Kasserolle mit Deckel einfetten. Die Hälfte der Teigkugeln hineinsetzen und die Kasserolle mit dem Deckel verschließen.

5 Sobald Dampf aufsteigt, Kasserolle in den Ofen (Mitte, Umluft 180°) schieben und die Dampfnudeln etwa 30 Minuten backen. Vor dem Servieren die Butter zerlassen und leicht bräunen. Die Dampfnudeln mit der Butter und mit Mohn bestreuen. Mit der zweiten Portion genauso verfahren.

6 Für *Bröselkoch* Backofen auf 175° vorheizen. Walnußkerne im Blitzhacker fein mahlen. Eiweiße zu steifem Schnee schlagen. Eigelbe und Zucker in einer Schüssel schaumig rühren. In einer zweiten Schüssel Walnüsse, Semmelbrösel, Vanillezucker und Mehl vermischen. Abwechselnd die Nuß-Mischung und das steifgeschlagene Eiweiß unter die Eigelbmasse ziehen.

7 Eine Gugelhupf- oder Kranzform von etwa 1 1/2 l Inhalt einfetten. Den Teig hineingeben und im vorgeheizten Backofen (Mitte, Umluft 160°) etwa 50 Minuten backen.

8 Die Form herausnehmen, den Kuchen 10–15 Minuten abkühlen lassen und dann auf eine Platte stürzen. Wenn der Bröselkoch lauwarm geworden ist, langsam den heißen Glühwein darüber gießen. Sofort servieren.

Braucht etwas Zeit

Zutaten für jeweils
6 – 8 Personen:

Für Kärntner Dampfnudeln
1/2 l Milch
1 Eßl. Zucker
1 Würfel Hefe (42 g)
1 kg Mehl
80 g weiche Butter
3 Eßl. Puderzucker
2 Eigelb
1 Prise Salz
Butter für die Kasserolle

Außerdem:
50 g Butter
3 Eßl. Mohn, gemahlen

Für Bröselkoch
150 g Walnußkerne
4 Eiweiß, 4 Eigelb
200 g Zucker
50 g Semmelbrösel
1 Eßl. Vanillezucker
100 g Mehl
Butter für die Form
3/8 l Glühwein (siehe *Seite 105)*

Zubereitungszeit:
Für Kärntner Dampfnudeln etwa 30 Minuten (plus 1 1/2 Stunden Ruhe- und 30 Minuten Backzeit)
Für Bröselkoch etwa 40 Minuten (plus 50 Minuten Backzeit)

1 Für *Vintschger Fladen* mit Tiroler Schinken Mehl in einer großen Schüssel mischen. Eine Mulde in die Mitte drücken. Hefe hineinbröckeln, mit Sirup, 150 ml warmem Wasser und etwas von dem Mehl zu einem Vorteig verrühren. Die Schüssel etwa 15 Minuten zugedeckt an einen warmen Ort stellen.

2 Restliches Mehl, Gewürze, 150 ml warmes Wasser und Salz nach und nach unter den Vorteig kneten, bis sich der Teig vom Schüsselrand löst. Den Teig zugedeckt etwa 15 Minuten ruhen lassen. Das Backblech einfetten.

3 Den Teig noch etwa 1 Minute kneten, bis er geschmeidig ist. Aus dem Teig eine Rolle formen, in 6 gleich große Portionen schneiden und die Teigstücke in Mehl wenden.

4 Jede Teigportion durch Hin- und Herklatschen zwischen den bemehlten Händen zu einem flachen Fladen von etwa 12 cm Durchmesser formen. Die Fladen auf dem Blech verteilen. Mit einem Tuch bedeckt etwa 15 Minuten gehen lassen. Inzwischen Backofen auf 200° (Umluft 180°) vorheizen.

5 Mit einem Holzstäbchen mehrere Löcher in die Fladen stechen. Die Fladen und die Seitenwände des Backofens mit Wasser besprühen. Die Fladen im Backofen (Mitte) in 20–25 Minuten knusprig braun backen. Noch etwa 5 Minuten im ausgeschalteten Ofen liegen lassen.

6 Vintschger auf ein Kuchengitter legen, von allen Seiten mit kaltem Wasser besprühen. Abgekühlt zum Tiroler Schinken servieren.

7 Für *Räucherlachskipferl* Dill abbrausen, Blättchen feinhacken. Den Lachs kleinschneiden, mit Zitronensaft und Dill mischen und etwa 1 Stunde zugedeckt marinieren.

8 Backofen rechtzeitig auf 250° (Umluft 220°) vorheizen. Blätterteig in etwa 18 Dreiecke schneiden. Je 1 gehäuften Teelöffel Lachs auf jedes Dreieck geben und diese zu Hörnchen (Kipferl) aufrollen, an den Rändern etwas andrücken. Die Kipferl auf ein gefettetes Blech legen, mit dem Eigelb bestreichen und im Ofen (Mitte) in 10–12 Minuten goldbraun backen.

Gelingt leicht

Zutaten für jeweils
4 – 6 Personen:

Für Vintschger Fladen mit Tiroler Schinken
200 g Weizenmehl
200 g Roggenmehl
1 Würfel Hefe (42 g)
1 Eßl. Rübensirup (Reformhaus)
1 Teel. Kümmel, gemahlen
je 1/2 Teel. Fenchel und Anissamen, gemahlen
2 Teel. Salz
Butter für das Backblech
Roggenmehl für Arbeitsfläche und Hände
500 g Tiroler Schinken

Für Räucherlachskipferl
1 Bund frischer Dill
250 g Räucherlachs in Scheiben
Saft von 1 Zitrone
1 Paket Blätterteig (etwa 450 g; tiefgefroren), rechtzeitig aufgetaut
Butter für das Backblech
1 Eigelb

Zubereitungszeit:
Für Vintschger Fladen etwa 1 1/4 Stunden (plus 45 Minuten Ruhezeit)
Für Räucherlachskipferl etwa 30 Minuten (plus 1 Stunde Marinierzeit)

Irish Coff

1 Für *Jagatee* Weißwein, Rum und Obstler in ein gut vorgewärmtes hitzefestes Glas (siehe Seite 9) gießen.

2 Die Mischung mit dampfendheißem schwarzen Tee nach Belieben auffüllen.

3 Kandiszucker nach Geschmack ins Glas geben und zuschauen, wie er zerspringt. Umrühren – fertig!

4 Für *Früchte-Punsch* die Orange und die Zitrone auspressen und die Säfte in einen kleinen Kochtopf gießen.

5 Rum und Puderzucker dazugeben. Kurz umrühren und den Topf bei mittlerer Hitze erwärmen, bis Dampf aufzusteigen beginnt (nicht kochen lassen!).

6 Den Orangentee dazugeben. Kurz umrühren und den Inhalt des Topfes in ein vorgewärmtes feuerfestes Glas (siehe Seite 9) umgießen.

7 Mit den Pfefferminzblättern und Erdbeeren garnieren.

8 Für *Irish Coffee* den Whisky in ein feuerfestes Glas gießen und dieses über einer Kerze kurz anwärmen.

9 Den braunen Zucker vorsichtig in den Whisky geben.

10 Das Glas bis etwa 2 Zentimeter unter den Rand mit heißem Kaffee auffüllen und gut umrühren.

11 Die leicht geschlagene Sahne langsam mit Hilfe eines Löffels ins Glas gleiten lassen, bis die Oberfläche ganz bedeckt ist. Mit Schokoraspeln garnieren.

Einfach bis anspruchsvoll

Zutaten für jeweils 1 Drink:

Für Jagatee *(links)*
6 cl trockener Weißwein
3 cl brauner Rum oder Strohrum (70 %)
3 cl Obstler
heißer, frisch gebrühter schwarzer Tee
Kandiszucker

Für Früchte-Punsch *(rechts)*
1/2 Orange
1/2 Zitrone
3 cl brauner Rum oder Strohrum (70 %)
1 Teel. Puderzucker
1 Tasse frisch gebrühter Orangentee
2 frische Pfefferminzblätter
frische Erdbeeren

Für Irish Coffee *(Mitte)*
4 cl Irish Whisky
1–2 Teel. brauner Zucker
1 Tasse heißer, starker, frisch gekochter Kaffee
2 Eßl. leicht geschlagene Sahne
Schokoraspel

1 Für *Glühwein* den Würfelzucker in einen Kochtopf legen und mit Rotwein übergießen.

2 Die Zitrone heiß abwaschen, trockenreiben und dünn schälen. Die Schale zusammen mit der Zimtstange in den Topf geben. Die Zutaten langsam erhitzen, bis sich Schaum bildet (aber nicht kochen lassen!).

3 Topf vom Herd nehmen und den Schaum mit einem Löffel abschöpfen.

4 Zwei Tropfen Blue Curaçao zum Wein geben, kurz umrühren und die Mischung ein paar Minuten ziehen lassen.

5 Den Glühwein durch ein engmaschiges Sieb in ein vorgewärmtes feuerfestes Glas (siehe Seite 9) gießen. Mit der Zitronenspirale garnieren.

6 Für *Schweden-Grog* die Zitrone auspressen und den Saft in ein vorgewärmtes feuerfestes Glas (siehe Seite 9) gießen.

7 Würfelzucker und Aquavit ins Glas geben.

8 Mit kochenheißem Wasser auffüllen und so lange umrühren, bis sich der Zucker ganz aufgelöst hat. Mit der Zitronenscheibe garnieren.

9 Für *Hot Brick Toddy* den Bourbon Whiskey in ein vorgewärmtes feuerfestes Glas (siehe Seite 9) gießen.

10 Die Butter und den Puderzucker dazugeben und mit kochendheißem Wasser auffüllen. Kurz umrühren. 1 kleine Prise Zimtpulver auf die Oberfläche streuen.

Glühwein für die größere Runde

Glühwein macht man im Gegensatz zu anderen Drinks selten nur für 1 Person, sondern bereitet davon gleich einen Topf voll zu: 1 l Rot- oder Weißwein, 150 g Zucker, dünn geschälte Schale von 1 Zitrone mit 2 Gewürznelken gespickt, 2 Zimtstangen und 1 cl Blue Curaçao so verwenden, wie im Rezept für eine Einzelportion beschrieben.

Gelingt leicht

Zutaten für jeweils 1 Drink:

***Für Glühwein** (links)*
1 Stück Würfelzucker
1/4 l trockener Rotwein
1/2 Zitrone (Schale unbehandelt)
1/2 Zimtstange
Blue Curaçao
1 Spirale aus Zitronenschale (Schale unbehandelt)

***Für Schweden-Grog** (Mitte)*
1 Zitrone
1 Stück Würfelzucker
4 cl Aquavit
1 Zitronenscheibe (Schale unbehandelt)

***Für Hot Brick Toddy** (rechts)*
4 cl Bourbon Whiskey
1 Teel. Butter
1 Teel. Puderzucker
Zimtpulver

1 Für *Brown Beauty* den Amaretto und Kaffee in ein hohes feuerfestes Glas gießen. Gut umrühren.

2 Eine Kugel Mokkaeis ins Glas geben.

3 Frisch gemahlenen Koriander auf die Oberfläche streuen. Den Drink mit einem Löffel schnell servieren, bevor das Eis schmilzt.

4 Für *Café Cordial* die Eiswürfel in einen Barshaker geben. Weinbrand, Crème de Cacao, Kaffee und Vanillezucker dazugeben und den Barshaker etwa 30 Sekunden lang kräftig schütteln.

5 Den Drink durch ein Barsieb in ein hohes Glas gießen. Mit der Zitronenspirale garnieren und nach Belieben mit einem Strohhalm servieren.

6 Für *Coffee Tonic* Eiswürfel in ein hohes Glas füllen und soviel kalten Kaffee dazugießen, bis das Glas halbvoll ist.

7 Wodka und Puderzucker dazugeben. Gut umrühren, bis sich der Puderzucker ganz aufgelöst hat.

8 Das Glas mit Tonic Water auffüllen. Mit der Zitronenscheibe garnieren und mit einem Strohhalm servieren.

Info

Drinks mit Kaffee sind echte Muntermacher. Aber glauben Sie bitte nicht, daß Sie damit Ihre Fahrtüchtigkeit wieder herstellen können. Der Kaffee putscht zwar auf, macht aber nicht nüchtern!

Gelingt leicht

Zutaten für jeweils 1 Drink:

Für Brown Beauty *(links)*
4 cl Amaretto
1 Tasse heißer, starker Kaffee, frisch gekocht
1 Kugel Mokkaeis
Koriander, frisch gemahlen

Für Café Cordial *(rechts)*
4 Eiswürfel
3 cl Weinbrand
3 cl Crème de Cacao
3 cl starker Kaffee, abgekühlt
1 Teel. Vanillezucker
1 Spirale aus Zitronenschale (Schale unbehandelt)

Für Coffee Tonic *(Mitte)*
3 Eiswürfel
1 Tasse starker Kaffee, abgekühlt
4 cl Wodka
1 Teel. Puderzucker
Tonic Water
1 Zitronenscheibe (Schale unbehandelt)

Man muß nicht unbedingt Alkohol trinken, um sich zur Happy Hour in Stimmung zu bringen. Auf dieser Seite finden Sie ein paar köstliche Drinkrezepte ohne »Promille«. Sie passen zu fast allen in diesem Buch vorgestellten Snacks und lassen sich beliebig und nach Laune variieren. Viel Vergnügen!

Cassis au lait

200 g Naturjoghurt in einen Barshaker geben. Eine halbe Grapefruit auspressen und den Saft dazugeben. 1 cl Cassissirup (alkoholfrei) und $^1/_8$ l kalte Milch dazugeben und alles etwa 20 Minuten lang kräftig schütteln. Den Drink in ein hohes Glas gießen. Mit frisch geriebener Muskatnuß bestreuen und mit einem Strohhalm servieren.

Tennis-Flip

1 Ei trennen (siehe Seite 9). Eigelb in einen Barshaker geben (das Eiweiß anderweitig verwenden). Je 1 Grapefruit, 1 Orange und Zitrone auspressen und die frischen Säfte zusammen mit 6 cl Ananassaft, 1 Eßl. Passionsfruchtsirup und 6 Eiswürfeln in den Shaker geben. Alles etwa 30 Sekunden lang kräftig schütteln. Den Drink durch ein Barsieb in ein hohes Glas gießen. Mit Zitronen- und Orangenscheiben, eventuell auch mit einem kleinen Stück frischer Ananas garnieren und servieren.

Ipanema

Je 1 Orange und Zitrone auspressen und die Säfte zusammen mit 6 Eiswürfeln in einen Barshaker geben. Je 4 cl Maracujasirup und Ananassaft dazugeben und etwa 20 Sekunden lang kräftig schütteln. In ein hohes Glas gießen und mit einer Zitronenscheibe garnieren.

Limelight Sour

1 Stück Würfelzucker mit einigen Tropfen Angostura-Bitter (Feinkosthandel) beträufeln und in einem halbhohen Glas mit einem Löffelstiel zerdrücken. Den Zucker in 3 Eßl. Mineralwasser solange rühren, bie er sich aufgelöst hat. 3 Eiswürfel dazugeben. 2 cl Limettensirup und Saft 1 ausgepreßten Grapefruit darüber gießen und vorsichtig umrühren.

Banana Flip

1 Ei trennen (siehe Seite 9). Das Eigelb in den Mixer geben (das Eiweiß anderweitig verwenden). 1 kleine Banane schälen, in grobe Stücke schneiden. Mit 18 cl kalter Milch, 1 Kugel Vanilleeis und 2 Teel. Honig zum Eigelb in den Mixer geben. Alles kurz durchmixen und in ein hohes Glas füllen. 4 Bananenscheiben und 2 Cocktailkirschen auf einen Cocktailspieß stecken. Den Drink damit dekorieren. Mit einem Strohhalm servieren.

Waikiki

1 Orange auspressen und den Saft in einen Barshaker gießen. 4 Eiswürfel dazugeben. 3 cl Cream of Coconut, 2 cl Ananassaft und 3 cl Sahne in den Shaker gießen und alles etwa 20 Sekunden lang schütteln. Den Drink durch ein Barsieb in ein hohes Glas gießen und mit Kokosraspeln garnieren. Sofort mit einem Strohhalm servieren.

Pussy Foot

3 Eiswürfel, 2 cl Grenadinesirup, 6 cl Ananassaft, 6 cl Orangensaft und 6 cl Grapefruitsaft in einen Barshaker geben. Den Shaker etwa 20 Sekunden lang kräftig schütteln. 3 Eiswürfel in ein hohes Glas geben. Den Drink durch ein Barsieb darüber gießen. Mit 1 Cocktailkirsche garnieren und mit einem Strohhalm servieren.

Wichtiger Hinweis

Bitte verwenden Sie nur ganz frische Eier von freilaufenden Hühnern, um das Salmonellenrisiko zu verringern.

Snack-Rezepte

Drink-Rezepte

Redaktion: Angela Hermann-Heene, Sabine Sälzer
Redaktion der *FÜR SIE*-Ausgabe: Claudia Bruckmann
Layout: Marcus von Hausen
Produktion: Eva Hehemann
Produktion der *FÜR SIE*-Ausgabe: Bettina Fäth
Satz und Herstellung: Kathrin Hälbich
Fotos: Riki Breu
Foto Seite 10/11 und 38/39: Gernot Huber, laif
Foto Seite 24/25 und 94/95: Thomas Stankiewicz
Foto Seite 52/53: Aldo Acquadro, look
Foto Seite 66/67: Axel M. Mosler
Foto Seite 80/81: Paul Spierenburg
Titelfoto: Reiner Schmitz
Umschlaggestaltung: Kraxenberger KommunikationsHaus
Reproduktion: Fotolitho Longo, Bozen
Druck und Bindung: Kaufmann, Lahr

Printed in Germany
ISBN 3-7742-4076-0

Auflage	5.	4.	3.	2.	1.
Jahr	2003	2002	2001	2000	99

Tim Cole
stammt aus dem klassischen Cocktailland Amerika. Sein Vater, ein Militärgeistlicher, lernte seine Mutter in den letzten Kriegstagen in Deutschland kennen. Cole wurde 1950 im US-Bundesstaat Washington geboren und verbrachte seine Kindheit in Südkalifornien, Texas und Alaska. Seit 1962 lebt er als US-Staatsbürger in der Bundesrepublik, wo er nach dem Germanistikstudium und Lehrjahren bei mehreren Tageszeitungen und Zeitschriften schließlich seit 1979 als freier Journalist, Buchautor und Übersetzer arbeitet. Seine Restaurantkritiken, Reisereportagen und Berichte aus der Gastroszene sind in großen Publikumszeitschriften wie »Playboy«, »Stern« und »Feinschmecker« erschienen. Daneben schrieb er populäre Bücher über Mixgetränke in den GU-Buchreihen »Küchen-Ratgeber« und »Leicht gemacht«. Sein Bestseller, »Sommer-Drinks«, wurde im deutschsprachigen Raum schon über 150.000mal verkauft.

Riki Breu
hat sich nach intensiven Auslandsreisen und einigen Jahren Modefotografie im eigenen Madrider Studio ganz auf Food, Stillifes und Werbung spezialisiert. In ihrem Düsseldorfer Studio entstanden die Fotos für dieses Buch, das Foodstyling übernahm Arno Manthei.

Titelfoto:
Raffinierte Cocktails und kleine Köstlichkeiten wie Rum-Ananas im Speckmantel und Smoked Fish Dip mit Crackern machen jede Cocktailparty zu einem Erfolg.